Die Olchis

Das Koch- und Backbuch

Erhard Dietl
Stephanie Just

50 olchige Rezepte von Stinkerkuchen bis Matschknödel

riva

Inhalt

Kapitel 1: Olchige Snacks

Kapitel 2: Krötiges Gebäck

Kapitel 3: Oberolchige Kuchen und Torten

Kapitel 4: Muffelwind im Ofenloch, alle Olchis leben hoch

Kapitel 5: Deine muffelfurzstarke Gefurztagsparty

Muffelfurzstarke Party-Ideen

Kapitel 1

Olchige Snacks

… weil Olchis eigentlich immer Hunger haben

Getrocknete Erdklumpen

Schoko-Popcorn-Bälle mit Kekskrümeln

Das Rezept für diese harten Klumpen aus festem Klebstoff haben sich die Olchi-Kinder ausgedacht. Sie verfeinern die Klumpen mit Holzbröseln, Plastikkrümeln und natürlich ordentlich Matsch. Ranzige Rostbeule – so schnell wie diese Kugeln weggeschmatzt sind, kann ja kein Olchi schauen.

Für 12-15 Stück

200 g Zartbitterkuvertüre
50 g Haselnüsse
200 g Butterkekse
180 g Palmin (Kokosfett)
250 g Puderzucker
120 g Popcorn
100 g Mini-Marshmallows
120 g bunte Schokolinsen

Für die Deko:

Mini-Fruchtgummi-Frösche

1. Zartbitterkuvertüre und Haselnüsse getrennt grob hacken. Butterkekse in einen Gefrierbeutel geben, diesen gut verschließen und die Kekse mit einem Nudelholz grob zerdrücken.
2. Palmin und gehackte Kuvertüre in einem Topf langsam schmelzen. Puderzucker dazusieben und glatt rühren. Vom Herd nehmen und 15 Minuten abkühlen lassen.
3. In einer großen Schüssel Popcorn mit Haselnüssen, Butterkekskrümeln, Marshmallows und Schokolinsen vermischen. Die Kuvertüre-Palmin-Masse dazugeben und alles gut miteinander vermengen. Die Masse noch so lange abkühlen lassen, bis sich mit den Händen (unbedingt Einmalhandschuhe tragen) Kugeln formen lassen, die beim Festdrücken und Formen zusammenhalten. Die gesamte Masse zu Tennisball-großen Kugeln formen. Die Frösche aufsetzen.
4. Einzeln in Frischhaltefolie wickeln, straff zusammenbinden und im Kühlschrank mehrere Stunden fest werden lassen.

Olchi-Mamas TIPP

Anstelle der Haferflocken, Kerne, Flocken und Nüsse kannst du auch 425 g deines Lieblingsmüslis (ohne Zucker und Schokolade) verwenden.

Staubiger Reste-Snack

Müsliriegel mit Schokolade und Aprikosen

Dieser wunderbar olchige Snack ist schnell gemacht – einfach eine Runde staubigen Abfall auf dem Müllberg zusammengefegt und schon hat Olchi-Mama alles, was das Rezept erfordert. Zusammenkneten, trocknen lassen, zum Schluss noch in ein wenig Stinkerbrühe tauchen – und fertig!

Für 11 Riegel

Für die Riegel:

30 g Haselnüsse
40 g Walnüsse
25 g Pistazien
2 Bananen (gesamt ca. 250 g, ohne Schale)
100 g Honig
2 Pck. Vanillezucker
100 g Mandelcreme (Brotaufstrich)
80 g kernige Haferflocken
70 g zarte Haferflocken
40 g Sonnenblumenkerne
40 g Kürbiskerne
25 g gepuffter Vollkornreis
25 g geschroteter Leinsamen
50 g Buchweizenflocken

Außerdem:

100 g getrocknete Aprikosen
1 Pck. Zartbitter-Kuchenglasur
Auflauf- oder Kuchenform (20 × 20 cm)

1. Den Backofen auf 140 °C (120 °C Umluft) vorheizen. Die Form mit Backpapier auslegen. Haselnüsse, Walnüsse und Pistazien hacken. Die Bananen mit einer Gabel zerdrücken und mit Honig, Vanillezucker und Mandelmus verrühren. Die trockenen Zutaten mit den Nüssen in einer Schüssel vermischen. Die Bananenmasse dazugeben und alles gut verrühren, sodass alles feucht ist.
2. Die Masse in die Form geben und gleichmäßig festdrücken. Bereits jetzt mit einem scharfen Messer die Riegel einschneiden. Mit einem Teelöffelrücken je eine kleine Vertiefung in jeden Riegel drücken. Die Aprikosen halbieren und je eine Hälfte in jede Vertiefung drücken.
3. Auf einen Gitterrost im Ofen stellen und 60 Minuten backen. Aus dem Ofen nehmen und auskühlen lassen. Die Riegel nochmals mit dem Messer nachschneiden und trennen.
4. Die Kuchenglasur nach Packungsanweisung schmelzen, die Riegel mit einer Seite hineintauchen und die Schokolade kurz abtropfen lassen. Zum Trocknen auf ein Backpapier legen. Luftdicht verschlossen halten die Riegel etwa 5 Tage.

Rußige Kieselsteine

Dreierlei Kekskugeln

Vor 500 Jahren hat Olchi-Opa angeblich einen Kochwettbewerb gewonnen. Da brauchte er auch ein paar Kieselsteine für sein Rezept. Sein damaliger Küchendrache war ein toller Flammenwerfer und hat ihm die Steine ganz wunderbar verkohlt. Echt krötig – die Olchi-Kinder sind begeistert.

Für 4 Portionen

170 g Butter
50 g brauner Zucker
1 Prise Salz
1 TL Vanilleextrakt
140 g zarte Haferflocken
100 g Löffelbiskuit

Für die grauen Kiesel:

5 Schokokekse mit Milchcremefüllung (z. B. Oreos)
20 g Kokosraspel
etwas schwarze Lebensmittelfarbe

Für die rosa Kiesel:

1 Handvoll gefriergetrocknete Himbeeren

Für die braunen Kiesel:

1 EL Backkakao

1. Butter in einem kleinen Topf zerlassen. Mit Zucker, Salz und Vanilleextrakt verrühren. Haferflocken und Löffelbiskuit mit einem Multizerkleinerer o. Ä. fein mahlen. Mit dem Buttergemisch vermengen, bis alles mit Butter befeuchtet ist.
2. In 3 Portionen aufteilen. Für die grauen Kiesel die Kekse zermahlen: Dazu entweder einen Multizerkleinerer verwenden oder die Kekse in einen Gefrierbeutel geben, gut verschließen und mit einem Nudelholz zerkleinern. Mit den Kokosraspeln, ½ TL Wasser und etwas schwarzer Lebensmittelfarbe mischen. Zur ersten Portion der Haferflocken-Löffelbiskuit-Mischung geben und gut vermengen. Von diesem Teig kleine Portionen abnehmen, mit den Händen fest zusammendrücken und zu Kieselsteinen formen.
3. Für die rosa Kieselsteine die gefriergetrockneten Himbeeren mit den Händen zermahlen und mit der zweiten Portionen Haferflocken-Löffelbiskuit-Mischung vermengen. Wie oben beschrieben Kieselsteine formen.
4. Für die braunen Kiesel den Kakao zur dritten Portion geben, vermengen und Kieselsteine formen. Die Kiesel gleich essen oder luftdicht verpackt aufbewahren.

Gebackene Rostnägel und knackige Schrauben

Salziger-süßer Knabbermix

Rostnägel und alte Schrauben finden die Olchis auf ihrem Müllberg haufenweise. Wie gut, dass diese nicht nur eine krötige Suppeneinlage oder einen olchigen Eintopf ergeben, nein, sie schmecken auch pur – besonders mit ein wenig geriebener Schuhsohle verfeinert.

Für 6 Portionen

verschiedene Kuchenglasuren in Türkis, Silber, Braun (nach Belieben, siehe Tipp)
je 1 Pck. Minibrezeln, Gold-Fischli Original, süß-salzige Karamell-Erdnussringe (z. B. von Lorenz), Kartoffel-Gitter-Ecken (z. B. Pommels)
1 großer Kaffeebecher Zimt-Cerealien
200 g Karamell-Brotaufstrich
Salzflocken (nach Belieben)
100 g Puderzucker

Außerdem:

Silikonform für Schrauben und Muttern

1. Die Kuchenglasuren getrennt voneinander über einem Wasserbad schmelzen und in die Silikonform füllen. Ins Gefrierfach stellen und etwa 4 Minuten fest werden lassen. Aus der Form lösen und nach Belieben die nächste Runde Reifen genauso herstellen.
2. Das Knabbergebäck und die Cerealien in einer großen Schüssel vermengen. Karamell in einem kleinen Topf erwärmen und über die Knabbermischung geben. Schnell verrühren, solange der Brotaufstrich flüssig ist. Backpapier oder Backmatte auf ein Backblech legen und die Mischung darauf verteilen, nach Belieben mit Salzflocken bestreuen und etwa 2 Stunden trocknen lassen.
3. Den Puderzucker sieben. Den Knabbermix in mehreren Portionen in einen Gefrierbeutel füllen und mit je 3–4 EL Puderzucker bestäuben. Den Beutel gut verschließen, vorsichtig schütteln und den Mix etwas mit den Händen auseinanderschieben, bis alles mit Zucker bedeckt ist. Zum Schluss die Schoko-Schrauben und -Muttern aus der Silikonform lösen und untermischen. Nach Belieben zum Aufbewahren in Klarsichtbeutel oder Gläser füllen.

Lies weiter auf der nächsten Seite.

Olchi-Mamas TIPP

Die Anzahl der Farben und die Menge der Kuchenglasuren richtet sich danach, wie viele Reifen du herstellen willst. Du kannst auch nur eine Farbe verwenden.

Für ein Wasserbad brauchst du einen größeren Topf und eine Metallschüssel (oder einen zweiten Topf), die du in den ersten hängen kannst. Fülle etwas Wasser in den größeren Topf und erwärme es. Nun hängst du die Schüssel in den Topf, sie darf dabei das Wasser nicht berühren. Durch den Wasserdampf aus dem Topf erwärmt sich nun die Schokolade o. Ä. in der Schüssel.

Rostige Zahnradspieße

Würzige Maisspieße

Olchi-Mama hat ein paar rostige Zahnräder ausgebuddelt. Sie steckt sie auf Metallspieße, umwickelt sie mit Plastiktüten und röstet sie im Ofen. Wie olchig das duftet!

Für 7 Spieße

4 vorgegarte, ganze Maiskolben
50 g weiche Butter
½ TL Salz
1 TL Paprikapulver (edelsüß)
40 g Parmesan, gerieben

Außerdem:

Grillspieße

1. Den Backofen auf 180 °C (106 °C Umluft) vorheizen.
2. Die Maiskolben in etwa 3 cm breite Scheiben schneiden (ein Sägemesser ist dabei hilfreich). Jeweils 3 Scheiben auf einen Spieß stecken. Butter, Gewürze und Parmesan miteinander verrühren. Auf die Maiskolben streichen. Die Maiskolben zum Beispiel auf einen Bräter legen, sodass die Enden der Spieße auf dem Rand aufliegen. Den Bräter auf einen Gitterrost im Ofen stellen und die Spieße etwa 8–10 Minuten backen.

Olchi-Mamas miefige Matschbonbons

Schokoladenbonbons mit Süßigkeiten

Die Olchi-Kinder spielen gerade Reifen-Weitwurf, da zieht ein herrlich miefiger Geruch an ihren dicken Knubbelnasen vorbei. Was kann das sein? Olchi-Mama steht in der Olchi-Höhle und macht ihre beliebten miefigen Matschbonbons mit Plastikbröseln, zerriebenen Flaschen und gehackten Kieselsteinen.

Für 30-40 Stück

350 g hochwertige Zartbitterkuvertüre
1 Dose gezuckerte Kondensmilch (400 g)
1 TL Vanilleextrakt

Für die Dekoration:

1 Handvoll schokolierte Kieselsteine (im Internet erhältlich)
2 kleine Tütchen Mini-Cola-Fläschchen
10 Schokokekse mit Milchcremefüllung (z. B. Oreos)

Außerdem:

Backform (20 × 20 cm)

1. Die Form mit Backpapier auslegen.
2. Die Kuvertüre grob hacken. Mit der Kondensmilch und dem Vanilleextrakt in einen kleineren Topf geben und bei niedriger Hitze langsam schmelzen lassen. Dabei immer wieder umrühren. Die Schokomasse in die Form geben und unsauber verstreichen. Mit den Kieselsteinen, Cola-Fläschchen und den Keksen dekorieren. Die Kekse dabei nach Belieben halbieren oder vierteln.
3. Bei Raumtemperatur mindestens 4 Stunden aushärten lassen. Dann in 30–40 Stücke schneiden. Luftdicht aufbewahren.

Fein-faulige Fischgräten

Kartoffelkekse

Fischgräten gehören ganz bestimmt zu den Lieblingszutaten der Olchis. Vor allem Olchi-Papa kann nie genug davon kriegen – und sie passen auch einfach zu allem: ob pur oder gerieben. Sogar das Olchi-Baby lutscht gern an einer Gräte und lässt sich damit beruhigen.

Für 1 Blech

Für den Teig:

500 g mehligkochende Kartoffeln
Salz
30 g Parmesan
280 g Mehl
50 g Speisestärke
1 Ei (Größe M)
1 Eigelb
Pfeffer
Muskatnuss

Außerdem:

1 Eigelb
etwas Milch
heller und schwarzer Sesam
Ausstechformen (z. B. in Fischgrätenform)

1. Die Kartoffeln waschen, schälen und in Würfel schneiden. In reichlich Salzwasser in etwa 15 Minuten weich kochen. Abgießen und ausdampfen lassen.
2. In eine große Schüssel geben und mit dem Stabmixer fein pürieren. Parmesan reiben, mit allen weiteren Zutaten zur Kartoffelmasse geben und alles gut durchkneten. Den Teig 15 Minuten stehen lassen. Klebt er noch sehr, bis zu 50 g Mehl zusätzlich unterkneten. Dann weitere 10 Minuten stehen lassen.
3. Den Backofen auf 180 °C (160 °C Umluft) vorheizen. Ein Backblech mit Backpapier belegen. Den Teig auf der gut bemehlten Arbeitsfläche ausrollen und Fischgräten o. Ä. ausstechen. Die Kekse auf das Blech legen. Eigelb und Milch verquirlen und die Kekse damit bestreichen. Mit Sesam bestreuen.
4. Etwa 10–13 Minuten backen. Auf einem Kuchengitter auskühlen lassen. Am besten frisch genießen.

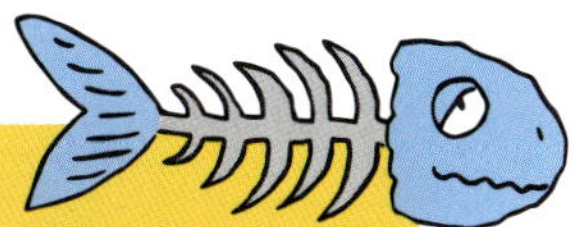

Olchi-Mamas TIPP

Wer Fischgräten-Ausstecher verwendet, sollte die Kekse direkt nach dem Abkühlen gut verpacken und spätestens am nächsten Tag genießen. Sie trocknen aufgrund der geringen Teigmenge recht schnell aus.

Sprungfeder-Chips

Selbst gemachte Spiralkartoffeln

Olchi-Opa hat heute aus einer alten Matratze ein paar knackig-rostige Sprungfedern gerettet. Olchi-Mama brutzelt sie in ranzigem Fett und würzt sie mit geriebenen Turnschuhsohlen. Was für ein olchiger Snack!

Für 2 Snacktüten

2 l Sonnenblumenöl zum Frittieren
500 g mittelgroße vorwiegend festkochende Kartoffeln

Für die Würze:

1 TL Salz
½ TL Paprikapulver (edelsüß)
¼ TL Knoblauchpulver

Außerdem:

Spiralschneider

1. Die Zutaten für die Würze in einem kleinen Schälchen vermischen. Die Kartoffeln waschen und schälen. Das Öl in einem breiten, tiefen Topf erhitzen. Wenn sich an einem hineingesteckten Holzspieß sichtbar Bläschen bilden, ist es heiß genug. Einen großen Teller mit Küchenpapier bereitstellen.
2. Die Kartoffeln mit dem Spiralschneider in »Sprungfedern« schneiden. Portionsweise mithilfe eines Schaumlöffels in das heiße Fett geben und knusprig frittieren. Mit dem Schaumlöffel herausnehmen und auf Küchenpapier gut abtropfen lassen. Würzen und noch warm genießen.

Olchi-Mamas TIPP

Achtung: Lass dir beim Frittieren unbedingt von einem Erwachsenen helfen. Das heiße Öl spritzt leicht.

Eisiger Kröten-Schleim

Schokoladiges, grünes Popcorn

Eine ganz besondere Spezialität, die nur an besonderen Tagen als kleiner Snack auf den Tisch kommt, ist Kröten-Schleim, verfeinert mit geriebenem Weißblech und knackigen Metallstiften. Krötigen Appetit!

Für 3 Portionen

200 g weiße Schokolade
etwas grüne Lebensmittelfarbe
1 Tüte Popcorn
4 EL grüne Kuchenglasur
bunte Streusel mit Fledermaus-Streuseln
Zuckerstifte

1. Ein Backblech mit Backpapier belegen. Weiße Schokolade in Stücke brechen und über einem Wasserbad schmelzen. Mit Lebensmittelfarbe hellgrün einfärben, dabei so viel Farbe verwenden, bis der gewünschte Farbton erreicht ist.
2. Popcorn in eine große Rührschüssel füllen. Die Schokolade darübergießen und direkt mit einem Kochlöffel umrühren, bis das ganze Popcorn bedeckt ist. Auf dem Backblech verteilen und etwa 1 Stunde trocknen lassen.
3. Die grüne Glasur nach Packungsanleitung schmelzen und über das Popcorn tropfen. Nach Belieben mit Streuseln und Stiften bestreuen. Fest werden lassen. Das Popcorn gegebenenfalls vor dem Snacken auseinanderbrechen.

Feuerheiße Drachenknödel

Herzhafte Süßkartoffelkrapfen

»Krötenfurz und Pfannenstiel, wer Hunger hat, der isst auch viel. Pfannenstiel und Krötenfurz, wer zu spät kommt, kommt zu kurz.«

Für 20 Stück

- 450 g Süßkartoffeln
- Salz
- Pfeffer
- 1 TL Paprikapulver (edelsüß)
- 1 Prise Muskatnuss
- ¼ TL Knoblauchpulver
- 50 g Parmesan
- 40 g Speisestärke
- 70 g Mehl

Für den Brandteig:

- 25 g Butter
- ¼ TL Salz
- 120 g Mehl
- 2 Eier (Größe M)

Zum Frittieren:

- 1 l Sonnenblumenöl

Olchi-Mamas TIPP

Dazu passt der Schmierseifen-Dip von Seite 85.

1. Die Süßkartoffeln in reichlich Salzwasser etwa 30–45 Minuten gar kochen. Abgießen, ausdampfen lassen, schälen und mit einer Gabel sehr fein zerdrücken. In ein Haarsieb geben und 1 Stunde abtropfen lassen. Mit den Gewürzen abschmecken. Parmesan fein reiben und unterheben. Mehl und Speisestärke glatt unterrühren.
2. In einem Topf für den Brandteig 100 ml Wasser, Butter und Salz zum Kochen bringen. Das Mehl auf einmal dazugeben und auf dem Herd mit einem Holzlöffel zu einem geschmeidigen Teigball rühren. Dabei entsteht eine weiße Schicht auf dem Topfboden. Das ist der Brandteigvorgang und sollte etwa 2 Minuten dauern.
3. Den Teig in eine Rührschüssel geben und 3 Minuten abkühlen lassen. Dann mit den Schneebesen des Handrührgeräts das erste Ei unterrühren. Dabei entsteht zuerst ein klumpiger Teig, dieser wird schnell wieder zu einem cremigen Teig. Dann das zweite Ei ebenso verarbeiten. Den Brandteig nun mit dem Schneebesen des Handrührgeräts unter die Süßkartoffelmasse rühren.
4. In einem hohen, breiten Topf das Öl erhitzen. Einen großen Teller mit Küchenpapier bereitstellen. Wenn an einem Holzspieß, der in das Öl getaucht wird, Bläschen aufsteigen, ist die Hitze perfekt. 2 Esslöffel nehmen, in das Öl tauchen, mit einem Löffel eine Portion Teig abnehmen und mithilfe des zweiten in das Öl rutschen lassen. Insgesamt 4 Bällchen gleichzeitig etwa 3–5 Minuten frittieren, bis sie knusprig und goldbraun sind. Auf Küchenpapier abtropfen lassen. Die Hitze der Herdplatte eventuell anpassen, wenn die Krapfen zu schnell oder zu langsam goldbraun werden.

Gerümpel-Spieße

Picknick-Spieße mit Tortellini, Käse und Salami

Für diese Spieße kann jeder Olchi einfach das verwenden, was er am liebsten mag: ob Fahrradschläuche, alte Lappen, Holz und Kohlen, Dosenblechscheiben oder Gummistiefel. 1 Stunde eingeweicht in Schlammbrühe mit einem Spritzer Maschinenöl ein echt olchiger Hochgenuss.

Für 10 Spieße

250 g frische Tortellini
je 1 rote und gelbe Paprikaschote
15 Kirschtomaten
¼ Baguette
300 g Käse
250 g kleine Snack-Salamis

Für das Gewürzöl:

1 Knoblauchzehe
2 Stiele Petersilie
30 ml Olivenöl
Salz
Pfeffer

Außerdem:

10 Schaschlikspieße

1. Die Tortellini nach Packungsanleitung in reichlich Salzwasser gar kochen. Abgießen und auskühlen lassen.
2. Für das Gewürzöl Knoblauch schälen und pressen. Petersilie waschen, trocken schütteln und hacken. Olivenöl mit Salz, Pfeffer, Petersilie und Knoblauch verrühren.
3. Für die Spieße Paprikaschoten waschen, entkernen und in 2–3 cm große Stücke schneiden. Tomaten waschen.
4. Baguette in dünne Scheiben schneiden und halbieren. Den Käse in Würfel schneiden. Tortellini, Paprika, Tomaten, Baguette, Käse und Salamis abwechselnd auf die Schaschlikspieße stecken. Mit Gewürzöl bestreichen und servieren.

Kapitel 2

Krötiges Gebäck
für kleine und große
Olchis

Sandige Fischgräten

Gefüllte Zimt-Schoko-Hefeteilchen

Olchi-Papa und Olchi-Opa haben von ihrem Strandspaziergang einen ganzen Strauß herrlich duftender Fischgräten mitgebracht. Nur mit einer Prise Sand und ein paar Spritzer Salzwasser beträufelt, schmecken die einfach krötig.

Für 2 große und 4-5 kleine Hefeteilchen

Für den Teig:
- 300 ml Milch
- 1 Pck. Trockenhefe
- 50 g Zucker
- 500 g Mehl
- 1 Pck. Vanillezucker
- 50 g weiche Butter

Für die Füllung:
- 3 TL weiche Butter
- 1 TL Backkakao
- 1 TL Zimt
- 30 g Zucker

Außerdem:
- 1 Eigelb
- 1 EL Milch

1. Für den Teig die Milch lauwarm erwärmen. Die Hefe und 1 EL Zucker hineinrühren. Mehl, restlichen Zucker und Vanillezucker in einer Rührschüssel mischen. Hefe-Milch dazugeben und mit den Knethaken des Handrührgeräts 5–6 Minuten verkneten. Abgedeckt an einem warmen Ort 45 Minuten gehen lassen.
2. In der Zwischenzeit für die Füllung Butter, Kakao, Zimt und Zucker zu einer Creme verrühren.
3. Den Ofen auf 190 °C (170 °C Umluft) vorheizen. Ein Backblech mit Backpapier auslegen. Den Teig auf der leicht bemehlten Arbeitsfläche etwa ½ cm dick ausrollen. In der Mitte durchschneiden. Eine Hälfte mit der Füllung bestreichen. Die zweite Hälfte darauflegen. Mit einem scharfen Messer große und kleine Fischgräten ausschneiden und auf das Blech legen. Eigelb und Milch verquirlen. Die Fischgräten damit bestreichen und 15–20 Minuten goldgelb backen.

Matschknödel pur

Gefüllte Schoko-Quarkknödel

Regenwetter ist Olchi-Wetter! Die beiden Olchi-Kinder lieben es, in Schlammpfützen herumzuspringen und Matschknödel zu werfen. Wenn sie davon Appetit bekommen, beißen sie schon mal in so einen Matschknödel hinein. Schleimeschlamm und Käsefuß – das Leben ist ein Hochgenuss!

Für 12 Knödel

Für die Knödel:
250 g Quark (40 % Fett)
50 g Butter
1 Ei (Größe M)
80 g Mehl
45 g Grieß
30 g Backkakao
1 Pck. Vanillezucker
20 g Zucker

Für die Brösel:
60 g Butter
50 g gemahlene Haselnüsse
50 g Vollkornbrösel
(oder Semmelbrösel)
1 Pck. Vanillezucker
20 g Puderzucker

Für die Schokosauce:
70 g Zartbitterkuvertüre
40 g Vollmilchkuvertüre
100 g Sahne

Außerdem:
1 EL Zucker
Salz
Schokopralinen mit Toffeekern (z. B. Rolo) zum Füllen

1. Den Quark in ein feines Sieb geben und 2–3 Stunden abtropfen lassen. Die Butter in einem Topf zerlassen. Die weiteren Zutaten für die Knödel zusammen mit Quark und Butter in eine Schüssel geben und gut verkneten. 45 Minuten kühl stellen.
2. In der Zwischenzeit für die Brösel die Butter in einer Pfanne schmelzen lassen. Die weiteren Zutaten dazugeben, gut verrühren und unter Rühren anrösten. Vom Herd nehmen und abkühlen lassen.
3. Für die Sauce die beiden Kuvertüren hacken. Die Sahne aufkochen und vom Herd nehmen. Kuvertüre dazugeben. 3 Minuten stehen lassen. Mit einem Schneebesen glatt rühren.
4. Einen Topf mit 2 l Wasser, 1 EL Zucker und 1 Prise Salz zum Kochen bringen. Herunterdrehen und nur noch leicht sieden lassen.
5. Den Teig in 12 gleich große Portionen teilen. Jede Portion mit leicht angefeuchteten Händen flach drücken, in die Mitte je eine Schokopraline geben und den Teig fest darum verschließen. Zwischen den Händen schön rund rollen. Die Knödel in 2–3 Portionen in das leicht siedende Wasser geben und 10 Minuten ziehen lassen. Mit einem Schaumlöffel aus dem Wasser nehmen und sofort in den Bröseln wenden. Mit der Schokosauce servieren.

Trockene Knochen

Baiserknochen

Wenn Olchi-Oma gute Laune hat, dann backt sie schon mal ihre berühmten Schrott-Knochen. Sie muss nur die richtigen Zutaten finden, dann geht das ganz schnell. Und weil die Knochen knochentrocken sind, trinkt Olchi-Opa dazu immer ein Schlückchen Fahrradöl.

Für 15 Baisers

3 Eiweiß (Größe L) oder
4 Eiweiß (Größe M) (das genaue Gewicht abwiegen, siehe Zubereitung)
ca. 200 g feiner Zucker (doppelte Menge wie Eiweiß, siehe Zubereitung)
1 TL Apfel- oder Fruchtessig
Aroma nach Wahl (z. B. Bubblegum oder Banane)
½ TL Speisestärke

Außerdem:

Spritzbeutel mit großer Lochtülle (Ø ca. 2 cm)

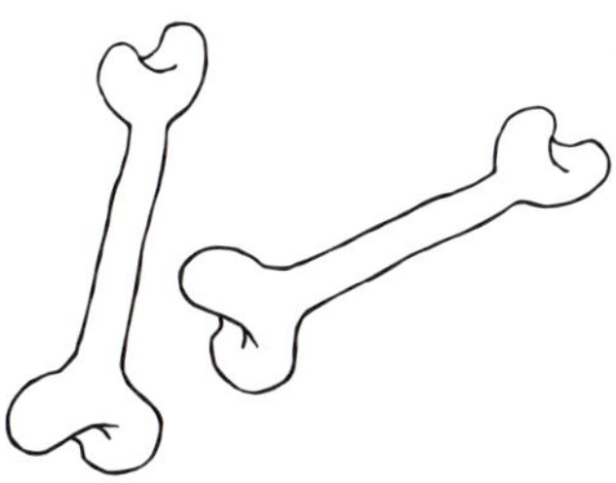

1. 2 Backbleche mit Backpapier auslegen. Den Backofen auf 130 °C Ober-/Unterhitze vorheizen. Achtung: Die Knochen nicht bei Umluft backen!
2. Wichtig für Baiser ist, dass das Eiweiß, bevor es verarbeitet wird, abgewogen wird. Nach der Eiweißmenge berechnet man den Zucker: Man braucht doppelt so viel Zucker wie Eiweiß. Wenn ihr also 120 g Eiweiß habt, benötigt ihr 240 g feinen Zucker.
3. Und auch ganz wichtig: Es darf kein Eigelb dabei sein! Daher die Eier beim Trennen am besten einzeln in ein Glas aufschlagen und dann das Eiweiß in eine große Metall- oder Glasschüssel geben. Klappt das Trennen dann bei einem Ei nicht, muss man nicht gleich das ganze Eiweiß entsorgen.
4. 3 Finger hoch Wasser in einen Topf, auf den die Schüssel mit dem Eiweiß passt, füllen und zum Sieden bringen, die Hitze etwas herunterdrehen. Das Eiweiß mit dem Schneebesen des Handrührgeräts steif schlagen. Kurz bevor es fest wird, den Zucker einrieseln lassen, dabei weiterrühren.
5. Die Schüssel auf das Wasserbad setzen und ununterbrochen weiterrühren, bis die Masse glänzt und fest wird. Nun zuerst Essig und Aroma dazugeben und verrühren. Dann die Speisestärke 30 Sekunden unterrühren. Vom Wasserbad nehmen und 1 Minute kalt rühren.
6. Die Masse sofort in den Spritzbeutel füllen und auf dem Backpapier Knochen auftragen.
7. Den Ofen auf 70 °C Ober-/Unterhitze herunterdrehen. Beide Bleche hineinschieben und die Knochen 2–3 ½ Stunden trocknen. Zwischendurch die Tür einmal öffnen, um die Luft herauslassen, und die Bleche tauschen.
8. Wenn sich die Knochen ohne Rückstände problemlos vom Backpapier lösen lassen, sind sie wirklich fertig. Ansonsten die Trockenzeit verlängern. Bei halb geöffneter Ofentür auskühlen lassen.

Olchi-Mamas TIPP

Achtung, wenn ihr Dosen verwendet:
Die können am oberen Rand scharfkantig sein.

Grätiger Blechkuchen mit Streuseln

Kleine Blaubeerküchlein mit Streuseln

Mit ihren starken Zähnen können die Olchis einfach alles durchbeißen – natürlich auch Dosenblech. Und damit es noch besser schmeckt, gibt Olchi-Mama ein paar selbst gemachte Sägemehlstreusel darüber.

Für 6 Küchlein

Für die Streusel:
50 g Mehl
45 g Zucker
1 TL Vanillezucker
30 g kalte Butter

Für den Teig:
100 g Zucker
1 Ei (Größe M)
50 g weiche Butter
Saft und Abrieb von
1 Bio-Zitrone
60 g saure Sahne
60 ml Milch
120 g Mehl
½ TL Backpulver
¼ TL Natron
70 g Blaubeeren

Außerdem:
6 Dosen (à 90 ml) oder
1 Muffinblech mit 6 Mulden
Zeitungspapier und Zahnstocher (nach Belieben)

1. Den Backofen auf 180 °C (160 °C Umluft) vorheizen. Die Dosen mit Backpapier auslegen: Dazu ein etwa 12 × 12 cm großes Quadrat zuschneiden und in die Dosen stecken.
2. Zuerst die Streusel zubereiten. Dafür alle Zutaten mit den Fingern zu einem krümeligen Teig verarbeiten. Kühl stellen.
3. Für den Teig Zucker und Ei schaumig rühren, Butter dazugeben und glattrühren. Die Zitrone gut abwaschen und trocken reiben. Die Schale abreiben und die Hälfte der Zitrone auspressen. Saure Sahne, Zitronenabrieb, -saft und Milch zur Eimischung geben und gut verrühren.
4. Mehl, Backpulver und Natron mischen und mit der Eimasse zu einem Teig rühren.
5. Zuletzt die Blaubeeren waschen, trocken tupfen und vorsichtig unterheben. Den Teig in die Dosen geben. Die Streusel gleichmäßig darauf verteilen.
6. Einen Gitterrost in den Ofen schieben und die Dosen daraufstellen. Etwa 22–25 Minuten backen. Stäbchenprobe machen: Bleibt an einem hineingesteckten Holzspieß kein Teig mehr hängen, sind die Küchlein fertig. Vorsichtig aus dem Ofen nehmen und auskühlen lassen.
7. Für die Topper nach Belieben Zeitungspapier in Form reißen, zerknüllen und auf Zahnstocher stecken und diese in die Küchlein stecken.

Müllberg-Cupcakes

Cupcakes mit Schokocreme

Heute gibt es eine süße Leckerei für die Olchis – da ist alles dabei, was der Olchi-Magen begehrt: muffige Fischgräten, Altglas-Scherben, Kieselsteine und eine ordentliche Handvoll Matsch!

Für 12 Stück

Für den Teig:
- 260 g Mehl
- 80 g Backkakao
- ½ TL Backpulver
- 1 TL Natron
- 1 TL Vanilleextrakt
- 2 Eier (Größe M)
- 200 g Zucker
- 110 g weiche Butter oder Margarine
- 250 ml Buttermilch

Für das Topping:
- 200 g Sahne
- 100 ml Milch
- 300 g Frischkäse
- 50 g Zucker
- 1 Päckchen Schokoladen-Dessertpulver zum Kaltanrühren

Für die Dekoration:
- einige selbst gemachte Fischgräten (siehe Rezept Grünes Sumpfwasser mit Seifenschaum, Seite 43)
- kleine, gezuckerte Weingummi-Drops
- Gummi-Cola-Fläschchen

Außerdem:
- 1 Muffinblech mit 12 Mulden
- 12 Papier-Muffinförmchen

1. Den Backofen auf 190 °C (170 °C Umluft) vorheizen. Das Muffinblech mit Papierförmchen auslegen. Mehl, Kakao, Backpulver, Natron und Vanilleextrakt vermischen. Eier mit dem Zucker schaumig aufschlagen. Butter unterrühren. Die Buttermilch und die trockenen Zutaten dazugeben und kurz glatt rühren.
2. Den Teig gleichmäßig auf die Muffinförmchen verteilen. Einen Gitterrost in den Ofen schieben und das Muffinblech daraufstellen. Etwa 22–24 Minuten backen. Stäbchenprobe machen: Bleibt an einem hineingesteckten Holzspieß kein Teig mehr haften, sind die Muffins fertig. Aus dem Ofen nehmen und auf einem Kuchengitter auskühlen lassen.
3. Für das Topping Sahne mit Milch, Frischkäse und Zucker verrühren. Dessertpulver dazugeben und zu einer festen Creme rühren. Die Creme unsauber auf die abgekühlten Muffins streichen. Mit Steinen (Weingummi-Drops), Fischgräten und Flaschen dekorieren.

Grünes Sumpfwasser mit Seifenschaum

Waldmeistergelee mit Schokosauce

Auf einem kurzen Ausflug mit Feuerstuhl haben die Olchi-Kinder einen wunderbar duftenden Sumpf gefunden und kurzerhand einen Eimer Teichwasser mitgebracht. Olchi-Mama gibt noch Seifenschaum und ein paar Fischgräten dazu – fertig ist das oberolchige Festmahl!

Für 5 Portionen

Für das Gelee:

80 ml Waldmeistersirup (7:1)
50 g Zucker
1 TL Zitronensaft
1 Beutel Agartine (für 500 ml Flüssigkeit oder entsprechend Gelatine)

Für den Quark:

100 g frische Himbeeren
500 g Speisequark
1 Pck. Vanillezucker
50 g Zucker
2 EL Milch

Für die Dekoration:

½ Pck. weiße Kuchenglasur
5 TL Schokosauce
20–25 schokolierte Kieselsteine (im Internet erhältlich)

Außerdem:

5 Dessertgläser (à 220 ml)

1. 420 ml Wasser, Sirup, Zucker und Zitronensaft mit Agartinepulver in einem kleinen Topf verrühren und unter Rühren zum Kochen bringen. 2 Minuten kochen, vom Herd nehmen und das Gelee in die Dessertgläser aufteilen und im Kühlschrank etwa 2 Stunden fest werden lassen.
2. Währenddessen die weiße Kuchenglasur nach Packungsanleitung schmelzen und damit Fischgräten auf ein Backpapier zeichnen. Beiseite stellen und fest werden lassen.
3. Für den Quark die Himbeeren verlesen und alle Zutaten mit den Schneebesen des Handrührgeräts glatt rühren und auf das Waldmeistergelee geben. Mit Schokosauce beklecksen und mit Kieseln und Fischgräten dekorieren.

Olchi-Mamas TIPP

Wenn du mit der weißen Kuchenglasur ein zweites Mal über die Fischgräten gehst, werden sie stabiler.

Gebackene Dosendeckel

Kirsch-Vanille-Teilchen

Die beiden Olchi-Kinder sind fürchterlich stolz auf das Olchi-Baby: Obwohl es erst 12 Jahre alt ist und nur 3 Zähne hat, kann es schon Dosen beißen! Ist das nicht krötig?

Für 20 Stück (Ø 5 cm)

Für die Teilchen:

2 Pck. frischer Blätterteig
100 g Frischkäse
1 Pck. Vanillezucker
1 TL Vanille-Puddingpulver
350 g Kirschgrütze
1 Eigelb
1 TL Milch

Für den Guss:

250 g Puderzucker
2–3 EL Zitronensaft
etwas graue Lebensmittelfarbe
1 TL essbarer Silber-Glitzer (nach Belieben)
4 EL graue Schoko-Kuchenglasur

Außerdem:

runde Ausstechform (Ø 5–6 cm)
Spritzbeutel mit sehr dünner Lochtülle (Ø 2 mm)

1. Den Backofen auf 220 °C (200 °C Umluft) vorheizen. Ein Backblech mit Backpapier belegen. Den Blätterteig ausrollen und 40 Kreise ausstechen, dabei müssen die Kreise eng beieinanderliegen, damit es 40 Stück werden und nur wenig Teig übrig bleibt.
2. Frischkäse mit Vanillezucker und Puddingpulver glatt rühren. Mittig auf die Hälfte der Kreise einen knappen Teelöffel der Creme geben. Darauf je eine Kirsche setzen, dazu die schönsten und dicksten Kirschen aus der Kirschgrütze verwenden. Die andere Hälfte der Teigkreise mit den Fingern etwas auseinanderziehen. Über die Füllung legen und vorsichtig mit den Fingern um die Füllung herum verschließen. Mit dem Griff einer Gabel beide Teigkreise zusammendrücken und so verschließen. Auf das Blech legen.
3. Eigelb und Milch verquirlen und die Blätterteigkreise damit bestreichen. 15–20 Minuten goldgelb backen. Aus dem Ofen nehmen und auf dem Blech komplett auskühlen lassen.
4. Aus Puderzucker und Zitronensaft einen leicht zähen Guss anrühren und mit der Lebensmittelfarbe hellgrau einfärben. Auf die Blätterteigkreise geben und ein wenig verstreichen. Nach Belieben mit etwas Glitzer bestäuben.
5. Die graue Schoko-Kuchenglasur nach Packungsanleitung schmelzen, damit auf Backpapier 20 Dosen-Clips malen und trocknen lassen. Die restliche Glasur in den Spritzbeutel füllen und auf die glasierten Blätterteigkreise (Dosendeckel) je zwei Kreise aufmalen. Die Clips daraufsetzen. Nochmals trocknen lassen.

Krötige Knubbel-Donuts

Grüne Zitronen-Donuts

Heute backt Olchi-Mama feine Gummireifen, bestreicht sie zart mit Tubenkleber und raspelt ein bisschen Ziegelstein darüber. Guten Appetit!

Für 12 Stück

Für den Teig:

3 Eier (Größe M)
150 g Zucker
60 g weiche Butter plus mehr für die Form
Saft und Abrieb von 2 Bio-Zitronen
250 g Mehl
½ TL Backpulver
½ TL Natron
110 ml Zitronen-Buttermilch
3 geh. EL bunte Zuckerstreusel

Für die Dekoration:

grüne Kuchenglasur
bunte Zuckerkugeln

Außerdem:

(Silikon-)Donutform
Spritzbeutel mit Lochtülle (nach Belieben)

1. Den Backofen auf 180 °C (160 °C Umluft) vorheizen. Die Backform etwas ausbuttern. Eier und Zucker mit den Schneebesen des Handrührgeräts dick-cremig rühren. Butter, Zitronensaft und -abrieb dazugeben und gut verrühren.
2. Mehl, Backpulver und Natron vermischen. Mit der Buttermilch zusammen zügig unter die Eiermasse rühren. Zum Schluss die Zuckerstreusel unterheben.
3. Den Teig (am besten mithilfe eines Spritzbeutels) auf die Förmchen verteilen. Einen Gitterrost in den Ofen schieben und die Form daraufstellen. Etwa 18–20 Minuten backen. Stäbchenprobe machen: Bleibt an einem hineingesteckten Holzspieß kein Teig mehr haften, sind die Donuts fertig.
4. Aus dem Ofen nehmen, etwas abkühlen lassen und aus der Form lösen. Auf einem Kuchengitter vollständig auskühlen lassen.
5. Die grüne Kuchenglasur nach Packungsanleitung schmelzen. Die Donuts kopfüber in die Glasur tauchen, abtropfen lassen, auf das Kuchengitter setzen und mit Zuckerkugeln bestreuen. Trocknen lassen.

Metallringe mit Rost

Gebackene Apfelringe

Metall aller Art essen die Olchis für ihr Leben gerne – besonders dann, wenn es schon ordentlich verrostet ist. Ob diese Metallringe wohl für die ganze Olchi-Familie reichen?

Für 12-15 Ringe

Für den Teig:

- 250 g Mehl
- 50 g Speisestärke
- 1 Pck. Backpulver
- 2 Pck. Vanillezucker
- 150 g Quark (20 % Fett)
- 1 Ei (Größe M)
- 50 g weiche Butter
- 30 g Zucker

Außerdem:

- 3 große Äpfel (z. B. Braeburn oder Boskop)
- 1 geh. TL Zimt
- 80 g Zucker
- 1 Eigelb
- 1 EL Milch

1. Aus den Zutaten für den Teig einen geschmeidigen Teig kneten. Klebt er noch sehr, weitere 1–2 EL Mehl unterkneten. In Frischhaltefolie wickeln und 30 Minuten kühl stellen.
2. Den Backofen auf 180 °C (160 °C Umluft) vorheizen. Ein Backblech mit Backpapier auslegen. Die Äpfel waschen, in 1,5 cm dicke Scheiben schneiden und dabei das Kerngehäuse entfernen. Den Teig halbieren und beide Teile auf der mit Mehl bestäubten Arbeitsfläche dünn ausrollen. Auf einer Hälfte mit etwas Abstand zueinander Apfelscheiben auslegen. Zimt und Zucker vermischen. Die Äpfel mit etwas Zimt-Zucker bestreuen. Die zweite Teigplatte darüberlegen. Mit einem Glas o. Ä., dessen Öffnung größer als die Apfelscheibe ist, den Teig ausstechen (alternativ ausscheiden). Die Seiten mit den Fingern zusammendrücken. Auf das Backblech legen. Das Eigelb mit der Milch verquirlen und den Teig damit bestreichen.
3. Den übrig gebliebenen Teig wieder zusammenkneten, nochmals ausrollen und weitere Apfelringe herstellen.
4. Im Backofen 15–17 Minuten backen. Noch heiß mit Zimt und Zucker bestreuen und genießen.

Olchi-Mamas TIPP

Beim Arbeiten mit Fondant kann überschüssige Speisestärke problemlos mit einem weichen Pinsel abgepudert werden.

Bunte Stinkersocken

Knallig-bunte Butterkekse

So eine alte Stinkersocke kann etwas sehr Feines sein, das wissen alle Olchis. Auch das Olchi-Baby sieht man manchmal an seiner gammeligen Kuschel-Socke lutschen. Das schmeckt ihm und tut gut!

Für 25-30 Stück

Für den Teig:

310 g Mehl
100 g Zucker
250 g Butter
½ TL Vanilleextrakt (oder anderes Aroma nach Wahl)

Außerdem:

250 g weißer Fondant
Lebensmittelfarben nach Wahl (als Gel oder Paste)
Speisestärke
3–4 EL Lieblingskonfitüre ohne Stückchen
Silikon-Präge-Matte in Strickmuster-Optik
glatte Silikon-Backmatte
Ausstechform(en) in Sockenform

1. Alle Zutaten für den Teig miteinander verkneten. Zu einer Kugel formen, in Frischhaltefolie oder einer luftdicht zu verschließenden Frischhaltedose 30 Minuten kühl stellen .
2. Den Backofen auf 180 °C (160 °C Umluft) vorheizen. Ein Backblech mit Backpapier auslegen. Den Teig auf einer leicht bemehlten Arbeitsfläche ca. 1 cm dick ausrollen und Socken ausstechen. Mit ein wenig Abstand zueinander auf das Blech legen.
3. Etwa 13 Minuten backen, bis sie leicht Farbe bekommen. Auf dem Backblech komplett auskühlen lassen.
4. Den Fondant in so viele Stücke schneiden, wie Lebensmittelfarben verwendet werden, und jeweils mit einer Lebensmittelfarbe einfärben (Einmalhandschuhe tragen!). Die einzelnen Stücke in einem Gefrierbeutel aufbewahren, damit sie nicht austrocknen!
5. Auf einer glatten Silikon-Backmatte nun kleine Portionen von verschiedenen Farben und in unterschiedlichen Mengen abnehmen (etwa Pistazien- bis Haselnuss-Größe) und aneinanderlegen. Dabei etwas zusammendrücken und schieben. Auf etwas Speisestärke ca. 3–4 mm dick ausrollen. Ein bisschen Stärke auf die Silikon-Prägematte pudern. Das Fondant daraufgeben, mit Speisestärke pudern, mit den Fingern in die Prägung drücken. Sachte lösen und mit der Prägung nach oben auf die glatte Silikonmatte legen. Mit dem Socken-Ausstecher ausstechen.
6. Die Kekse dünn mit etwas Konfitüre bestreichen und die Fondantsocken mit dem Muster nach oben daraufkleben. 12–24 Stunden lufttrocknen lassen.

Kapitel 3

Oberolchige
Kuchen und Torten –
lasst es euch schmecken,
ihr Stinkerlinge!

Stinkerkuchen mit Sauce

Schokotorte mit Cookie-Creme

Wenn ein Olchi aus Versehen etwas Frisches isst (igitt!), bekommt er am ganzen Körper bunte Flecken. Dann muss ihm die Olchi-Oma ganz schnell einen Stinkerkuchen backen. Denn der ist die beste Medizin und heilt jeden noch so kranken Olchi.

Für 1 Kuchen

Für den ersten Boden (Springform Ø 24 cm):

4 Eier (Größe M)
220 g Zucker
200 ml Öl
300 g Mehl
1 Pck. Backpulver
60 g Backkakao
1 TL Vanilleextrakt
200 ml Milch

Für den zweiten Boden (Springform Ø 10 cm):

1 Ei (Größe M)
55 g Zucker
50 ml Öl
75 g Mehl
¼ Pck. Backpulver
15 g Backkakao
¼ TL Vanilleextrakt
50 ml Milch

1. Den Backofen auf 180 °C (160 °C Umluft) vorheizen, die beiden Springformen mit Backpapier auslegen.
2. Für den ersten Boden Eier und Zucker schaumig aufschlagen. Öl langsam dazugießen und unterrühren. Mehl, Backpulver, Kakao und Vanilleextrakt vermischen. Alles zusammen mit der Milch in die Schüssel geben und kurz unterrühren, bis gerade alles verbunden ist (zu langes Rühren macht den Teig zäh).
3. Den Teig in die größere Springform füllen. Im vorgeheizten Ofen auf der untersten Schiene 45–50 Minuten backen. Stäbchenprobe machen: Bleibt an einem hineingesteckten Holzspieß kein Teig mehr haften, ist der Kuchen fertig.
4. Den zweiten Boden genauso zubereiten, in die kleinere Springform füllen und 25–30 Minuten backen. Auch hier wieder eine Stäbchenprobe machen. Beide Böden komplett auskühlen lassen. Waagerecht in jeweils 3 gleich dicke Böden schneiden.
5. Für die Creme die Cookies in einen Gefrierbeutel geben, gut verschließen und mit einem Nudelholz zerbröseln. Die weiche Butter mit den Schneebesen des Handrührgeräts 5 Minuten hellweiß rühren. Puderzucker sieben und zusammen mit dem Vanilleextrakt dazugeben und weitere 3 Minuten rühren. Den Frischkäse in 3 Portionen unterrühren. Zum Schluss die Keksbrösel unterheben.

Lies weiter auf der nächsten Seite.

Für die Creme:
10 Chocolate-Chip-Cookies
350 g weiche Butter
300 g Puderzucker
1 TL Vanilleextrakt
450 g zimmerwarmer Frischkäse

Für die Sauce:
200 g Zartbitterkuvertüre
300 g Sahne

Zum Dekorieren (nach Belieben):
essbare Deko: Fruchtgummi-Frösche, Schaummäuse (nach Belieben)
nicht essbare Deko: Mini-Dosen, Fischgräten, Fliegen, Socken (nach Belieben)
Strohhalme zum Fixieren
2 Springformen (s. o.)

6. Nun aus den großen und den kleinen Biskuitböden eine große und eine kleine Torte bauen: Dazu jeweils einen Boden etwa 1 cm dick mit Creme bestreichen und den zweiten Boden daraufsetzen. Diesen wieder etwa 1 cm dick mit Creme bestreichen und den dritten Boden daraufsetzen. Leicht an- und gerade drücken. In den Kühlschrank stellen.

7. Für die Sauce die Kuvertüre hacken und in eine Schüssel geben. Sahne aufkochen, über die Kuvertüre geben und 3 Minuten stehen lassen. Mit einem Schneebesen glatt rühren. Abkühlen lassen, bis die Sauce so fest ist, dass sie nicht mehr verläuft.

8. Die größere Torte auf eine Tortenplatte setzen. Mittig mit etwas Abstand 3 Strohhalme zum Fixieren der kleinen Torte einstechen und etwa 7–8 cm herausschauen lassen. Darauf die kleine Torte setzen. Mit der restlichen Creme ringsherum einstreichen und nicht allzu ordentlich glatt streichen. Die abgekühlte Sauce als Schlammkleckse auf der Torte verteilen. Nach Belieben mit essbarer und nicht essbarer Dekoration verzieren.

Würziger Autoreifen-Kuchen

Marmorkuchen

Auch die alten Autoreifen, die auf der Schmuddelfinger Müllkippe herumliegen, können die Olchis zum Kochen gut verwenden. Sie schmoren wunderbar und riechen gut, wenn sie erstmal zu qualmen angefangen haben. Das macht dann so richtig Appetit. »Beim Hühnerich, es gibt kaum etwas Besseres«, meint Olchi-Opa. »Naja, außer Fahrradöl vielleicht!«

Für 1 Kuchen

Für den Grundteig:

150 g Zucker
3 Eier (Größe M)
150 g weiche Butter oder Margarine plus mehr für die Form
2 TL Vanilleextrakt
220 g Mehl
1 ½ leicht geh. TL Backpulver
80 ml Milch

Für den Kakao-Teig (zusätzlich):

40 g Backkakao
30 g Zucker

Für den Guss:

250–300 g Puderzucker
1 TL Backkakao
2–4 EL Milch

Außerdem:

Spritzbeutel
Schokoladenglasur in verschiedenen Farben (z. B. 2 x Zartbitter, 2 x Vollmilch, 1 x weiße Schokolade)
Reifen-Silikonform
Rohrbodenform (Ø 24 cm, siehe Tipp)

1. Den Backofen auf 190 °C (170 °C Umluft) vorheizen. Die Form gut mit Butter einfetten. Den Zucker mit den Eiern etwa 2–3 Minuten schaumig rühren. Die Butter und Vanilleextrakt dazugeben und untermischen. Das Mehl mit dem Backpulver verrühren. Die Hälfte des Mehls unter die Ei-Butter-Masse mixen, die Milch dazugeben, kurz verrühren und dann das restliche Mehl hinzugeben und zu einem glatten Teig rühren.
2. Den Teig halbieren. Den Kakao mit dem Zucker und 75 ml heißem Wasser glatt rühren und unter die eine Hälfte des Teiges heben.
3. Nun wird die Form befüllt: Dazu auf eine Seite der Form 1–3 EL hellen Teig geben, mittig darauf 1–3 EL dunklen Teig, dann wieder hellen usw. Dabei breitet sich der Teig immer weiter aus und es entsteht das typische Muster. Etwa die Hälfte der beiden Teige verwenden und dann auf der anderen Kuchenform-Seite nach demselben System weitermachen.
4. Die Form auf einem Gitterrost in den Backofen schieben und etwa 50 Minuten backen. Stäbchenprobe machen: Bleibt an einem hineingesteckten Holzspieß kein Teig mehr hängen, ist der Kuchen fertig.
5. Aus dem Ofen nehmen und in der Form 30 Minuten abkühlen lassen, dann auf ein Kuchengitter stürzen und komplett auskühlen lassen.

Lies weiter auf der nächsten Seite.

Olchi-Mamas TIPP

Wer keine Rohrbodenform hat, backt den Kuchen in einer Springform (Ø 22 cm) und schneidet nach dem Backen ein Loch in die Mitte.

6. Für die Reifen die Schokoladenglasuren einzeln schmelzen und direkt aus der Tube oder mithilfe eines Spritzbeutels in die Silikon-Reifenform füllen. Im Kühlschrank etwa 15 Minuten fest werden lassen.
7. Für den Guss den Puderzucker sieben und mit Backkakao und Milch zu einem dickflüssigen Guss verrühren. Den Kuchen ungleichmäßig mit dem Guss bestreichen und mit den Reifen dekorieren. Die Reifen dabei gegebenenfalls mit Zahnstocher stützen, bis sie am Guss halten.

Stinkersocken-Familienessen

Apfel-Mandelmus-Pie

Die uralte Tante Odele lädt alle Olchis zum Festessen – denn sie will bekannt geben, wer die wundervolle, ebenfalls uralte Stinkersocke aus ihrer Kindheit erben soll. Sie duftet so herrlich, dass die Olchis sich mächtig ins Zeug legen, um sie zu bekommen – doch ehe noch irgendein Olchi »Muffelteufel« sagen kann, da hat der Olchi-Drache Feuerstuhl sie schon aufgefressen.

Für 1 große Socke

Für den Teig:
375 g Mehl
300 g sehr kalte Butter
1 EL Zucker

Für die Füllung:
80 g dunkler Mandelmus-Aufstrich
70 g Apfelmark

Außerdem:
1 Eigelb
1 EL Milch
¼ TL Backkakao

1. Für den Teig alle Zutaten mit einer Gabel oder einem Teigmischer grob miteinander verkneten, bis das Mehl geradeso verbunden ist. 70–80 ml Wasser löffelweise dazugeben und mit den Fingerspitzen einarbeiten, bis ein Teig entsteht. Zu einer Kugel formen, in Frischhaltefolie wickeln und etwas flach drücken. 1 Stunde kühl stellen.
2. In der Zwischenzeit für die Füllung Mandelmus und Apfelmark glatt rühren.
3. Den Backofen auf 180 °C (160 °C Umluft) vorheizen. Ein Backblech mit Backpapier belegen. Den Teig auf der bemehlten Arbeitsfläche etwa 0,4 mm dick ausrollen. 2 etwa 30 × 25 cm große Socken ausschneiden. Auf einer Socke die Füllung verstreichen, dabei einen 1,5 cm breiten Rand lassen. Die zweite Socke bündig darauf setzen und an den Rändern mit einer Gabel zusammendrücken. Oben einige Male mit der Gabel einstechen, um die Luft beim Backen entweichen zu lassen. Die Socke auf das Blech legen.
4. Aus dem restlichen Teig Flicken ausschneiden. Das Eigelb mit der Milch verquirlen und die Flicken damit auf der Socke festkleben. Die gesamte Socke mit Ei bestreichen. Etwa 20 Minuten goldgelb backen. Den Kakao mit 1 EL Wasser verrühren und die Socke vor dem Servieren damit einstreichen.

Matschklecks-Kuchen

Zupfkuchen mit Schokoklecksen

Heute hat sich Olchi-Mama beim Kuchenbacken selbst übertroffen: ein rußiger Kleisterkuchen mit ordentlich Matschklecksen darauf – da nimmt die Olchi-Oma lieber gleich zwei Stücke. Und Olchi-Opa stellt fest, dass der Kuchen ihn an die Matschbilder erinnert, die Tante Olga aus Pampendorf an der Nordsee malt.

Für 1 Kuchen

Für den Teig:
150 g Mehl
20 g Backkakao
½ TL Backpulver
80 g Zucker
1 Pck. Vanillezucker
1 Ei (Größe M)
80 g weiche Butter

Für die Füllung:
450 g Frischkäse
250 g Speisequark
(40 % Fett)
60 g Zucker
1 TL Orangenpaste
1 Ei (Größe L)
½ Pck. Vanillepuddingpulver

Außerdem:
Backform (20 × 20 cm)

1. Den Backofen auf 180 °C (160 °C Umluft) vorheizen. Die Form mit Backpapier auslegen.
2. Für den Teig alle Zutaten miteinander verkneten. Etwas mehr als die Hälfte des Teiges als Boden in der Form verteilen und andrücken.
3. Alle Zutaten für die Füllung mit einem Schneebesen glatt rühren. Auf den Boden geben und gleichmäßig verteilen. Aus dem restlichen Teig nach Belieben Matschkleckse formen und auf dem Kuchen verteilen. Etwa 35 Minuten backen. Aus dem Ofen nehmen und komplett auskühlen lassen.

Müllberg-Gugel

Schoko-Gugelhupf

Der Müllberg in Schmuddelfing ist für die Olchis ein wahres Paradies: Jede Menge wunderbarer Abfall liegt hier herum, und sie finden alles, was sie gerne zum Naschen mögen. Muffelwind und Fliegenbein, kann das Leben schöner sein?

Für 1 Gugelhupf

Für den Teig:
200 g Zucker
1 Pck. Vanillezucker
2 Eier (Größe M)
110 g weiche Butter plus mehr für die Form
270 g Mehl
2 TL Backpulver
100 ml Milch
100 g Schokoraspel

Für die Ganache:
100 g Zartbitterkuvertüre
100 g Vollmilchkuvertüre
100 g Sahne
20 g Butter
1 TL Vanilleextrakt

Für die Dekoration:
eine Handvoll essbare schokolierte Kiesel (im Internet erhältlich)
einige selbst gemachte Schokoladenreifen (siehe Seite 57)
einige selbst gemachte Schoko-Fischgräten (siehe Seite 43)
Olchi-Spielfiguren (nach Belieben)

Außerdem:
Gugelhupfform (Ø 18 cm)

1. Den Backofen auf 180 °C (160 °C Umluft) vorheizen. Die Kuchenform großzügig mit Butter einstreichen. Zucker, Vanillezucker und Eier mit den Schneebesen des Handrührgeräts schaumig rühren. Die Butter dazugeben und gut verrühren. Mehl und Backpulver mischen. Abwechselnd mit der Milch zur Eimasse geben. Zum Schluss die Schokoraspel unterheben. Den Teig in die Form geben. Einen Gitterrost in den Ofen schieben und die Kuchenform daraufstellen. Etwa 45–50 Minuten backen. Stäbchenprobe machen: Bleibt an einem hineingesteckten Holzspieß kein Teig mehr hängen, ist der Gugel fertig. Aus dem Ofen nehmen und auskühlen lassen. Dann vorsichtig auf eine Kuchenplatte stürzen.
2. Für die Ganache die beiden Kuvertüren hacken. Sahne mit Butter und Vanilleextrakt in einem Topf zum Kochen bringen. Vom Herd nehmen und die Kuvertüre hineingeben. Den Topf so schwenken, dass die Kuvertüre komplett mit der Sahnemischung bedeckt ist. 5 Minuten stehen lassen. Mit einem Schneebesen glatt rühren und etwa 45–60 (eventuell länger) Minuten abkühlen lassen. Dabei ab und an umrühren. Die Ganache sollte so fest werden, dass sie als »Matsch« über den Gugel gestrichen werden kann, ohne dass sie herunterläuft.
3. Wenn die Ganache die richtige Konsistenz hat, den Gugelhupf rundherum damit bestreichen. Mit Schokokieseln, Reifen, Fischgräten, usw. dekorieren. Wer will, kann auch Olchi-Spielfiguren auf den Müllberg stellen.

Olchi-Mamas TIPP

Anstelle von grünem Esspapier kannst du auch essbares Ostergras verwenden, wenn du welches findest. Es ist schon in kleine Streifen geschnitten und erspart so ein wenig Arbeit.

Schlammkuchen

Brownie mit Schokoglasur

Richtiges Schmuddelwetter finden die Olchis besonders schön. Herrlich matschig und schlammig wird es dann auf ihrer Müllkippe. Da nimmt auch Olchi-Papa schon mal ein Schlammbad, und die Olchi-Kinder pfeffern sich fette Matschködel auf ihre Knubbelnasen. Ist das nicht herrlich!

Für 1 großen Brownie

Für den Brownie:
- 270 g Zartbitterschokolade
- 320 g Butter
- 270 g Puderzucker
- 5 Eier (Größe M)
- 2 Pck. Vanillezucker
- 100 g Mehl
- 120 g Backkakao
- 1 ½ TL Backpulver

Für die Ganache:
- 80 g Zartbitterkuvertüre
- 60 g Vollmilchkuvertüre
- 150 g Sahne
- 20 g Butter

Für die Dekoration:
- grünes Esspapier
- 4 Löffelbiskuit

Außerdem:
- tiefe Backform (30 × 30 cm, ca. 5 cm hoch)

1. Den Backofen auf 180 °C (160 °C Umluft) vorheizen. Die Form mit Backpapier auslegen. Für den Brownie die Schokolade hacken und mit der Butter in einem Topf langsam schmelzen. Vom Herd nehmen und Puderzucker unterrühren. Abkühlen lassen.
2. Eier und Vanillezucker schaumig rühren. Mehl, Kakao und Backpulver mischen. Schokomasse unter die Eimasse rühren. Die trockenen Zutaten unterheben. In die Form gießen und glatt streichen. Etwa 35 Minuten backen.
3. Aus dem Ofen nehmen und in der Form komplett auskühlen lassen. Mit einem scharfen Messer eine Matschpfütze aus dem Brownie schneiden. Etwa 1 EL vom abgeschnittenen Brownie für die Dekoration beiseite stellen. Weitere abgeschnittene Stücke können als Matschkleckse neben den Brownie gelegt werden.
4. Für die Ganache beide Kuvertüren hacken. Sahne und Butter in einem kleinen Topf aufkochen. Vom Herd nehmen, Kuvertüre dazugeben und 5 Minuten stehen lassen, dann mit einem Schneebesen zu einer glatten Creme rühren. Die Schokomasse abkühlen lassen, dabei immer wieder mal umrühren. Die Creme soll fest genug werden, um sie stabil auf den Kuchen streichen zu können.
5. Während die Ganache abkühlt, die Löffelbiskuits und den beiseite gestellten Brownie zerbröseln und in einer kleinen Schale mit 2 EL Ganache verrühren.
6. Die Ganache mit einer kleinen Winkelpalette auf den Brownie streichen. Einige Matschkleckse (abgeschnittene Browniestücke) ebenfalls mit Creme bestreichen. Das Esspapier in feine, kleine Streifen schneiden. Die Löffelbiskuit-Brownie-Krümel als Erdkrümel und das Esspapier als Gras am Rand der Pfütze dekorieren.

Schmuddelfinger Allerlei

Regenbogenkuchen

Wie heißt das olchigste Gebot? Stress hat bei uns Hausverbot! Mit dem kunterbunten Regenbogenkuchen kommt pure Lebensfreude in die Olchi-Höhle. Jetzt muss Olchi-Oma nur noch ein bisschen mehr Staub in die Höhle werfen, dann ist der Tag perfekt. Hier drinnen sieht es ja schon wieder viel zu sauber aus!

Für 1 Kuchen

Für den Teig:
- 270 g Zucker
- 5 Eier (Größe M)
- 370 g weiche Butter oder Margarine plus mehr für die Form
- 2 TL Vanilleextrakt
- 2 EL Orangenpaste
- 450 g Mehl
- 2 TL Backpulver
- 160 ml Milch
- 4–5 Lebensmittelfarben (nach Wahl)

Für den Guss:
- 350 g Puderzucker
- 23 EL Zitronensaft
- 2 Butterkekse

Für die Dekoration:
- unterschiedliche Süßigkeiten wie Mäuse, Frösche, Kabel, Steine, Cola-Flaschen usw.
- 2 Butterkekse

Außerdem:
- Rohrbodenform (Ø 26 cm)

1. Den Backofen auf 190 °C (170 °C Umluft) vorheizen. Die Form gut ausbuttern. Den Zucker mit den Eiern etwa 2–3 Minuten schaumig rühren. Butter, Vanilleextrakt und Orangenpaste dazugeben und untermixen. Das Mehl mit dem Backpulver verrühren. Die Hälfte des Mehls unter die Ei-Butter-Masse mischen, die Milch dazugeben, kurz verrühren und dann mit dem restlichen Mehl zu einem glatten Teig verrühren.
2. Den Teig in verschiedene Schüsseln aufteilen und mit Lebensmittelfarbe einfärben. Nun die verschiedenfarbigen Teige abwechselnd in verschieden großen Klecksen in die Form geben. Zum Schluss mit einem Löffelstiel spiralförmig etwas verrühren.
3. Die Form auf einem Gitterrost in den Backofen schieben und 50–60 Minuten backen. Stäbchenprobe machen: Bleibt an einem hineingesteckten Holzspieß kein Teig mehr hängen, ist der Kuchen fertig.
4. Aus dem Ofen nehmen und in der Form 30 Minuten abkühlen lassen. Auf ein Kuchengitter stürzen und komplett auskühlen lassen.
5. Aus Puderzucker und Zitronensaft leicht laufenden Zuckerguss anrühren. Die beide Butterkekse zerbröseln, unterrühren und den Guss auf den Kuchen streichen. Die Süßigkeiten festkleben. Die Butterkekse zerkrümeln und den Kuchen damit bestreuen.

Kapitel 4

Muffelwind im Ofenloch, alle Olchis leben hoch!

Herzhafte Festessen für kleine und große Stinkerlinge!

Olchige Matschpampe

Parmesan-Kartoffelbrei mit Pesto

Heute hat Olchi-Mama etwas besonders Feines gekocht. Und Olchi-Oma hat kräftig mitgeholfen, denn sie erwarten hohen Besuch: Der Olchi-König kommt vorbei und soll neben Fußmassagen und extrafeinen Müllbädern auch mit stundenlang gegarter Matschpampe verwöhnt werden, verfeinert mit einer Handvoll Staub und jeder Menge Fahrradöl.

Für 2-3 Portionen

Für den Kartoffelbrei:

500 g lila Kartoffeln
250 ml Vollmilch
50 g Parmesan
1 EL Frischkäse
½ TL Salz
¼ TL geriebene Muskatnuss
½ Schälchen rote Kresse
½ Bund Schnittlauch

Für das Pesto:

1 Bund Basilikum
1 Knoblauchzehe
1 walnussgroßes Stück Parmesan
40 g Macadamia-Nüsse
¼ TL Salz
etwas Pfeffer
80–100 ml Olivenöl

1. Kartoffeln waschen, schälen und in Stücke schneiden. In einem großen Topf reichlich Wasser aufkochen, salzen und die Kartoffeln darin in etwa 20 Minuten gar kochen.
2. In der Zwischenzeit den Parmesan für das Püree reiben und beiseite stellen. Für das Pesto Basilikum waschen, trocken schütteln und die Blätter abzupfen. Knoblauch schälen. Parmesan in 2–3 Stücke schneiden. Alle Zutaten für das Pesto in einen Multizerkleinerer oder leistungstarken Mixer geben und bis zur gewünschten Konsistenz pürieren.
3. Die Kartoffeln in ein Sieb abgießen, zurück in den Topf geben und mit einem Kartoffelstampfer zerdrücken. Die Milch erhitzen und zusammen mit Parmesan und Frischkäse zu den Kartoffeln geben und gut verrühren. Mit Salz, Pfeffer und Muskatnuss abschmecken. Kresse und Schnittlauch waschen, trocken schütteln und den Schnittlauch in Röllchen schneiden. Die Matschkartoffeln mit Kresse und Schnittlauch dekorieren und mit dem Pesto servieren.

Fein geschnittene Besenscheibchen

Selbst gemachte Pommes mit zweierlei Dip

Für das große Stinkersocken-Festessen bei Tante Odele schneidet der schrecklich ordentliche blaue Olchi seinen Besenstiel sorgfältig in Scheiben und brutzelt sie in der Pfanne, bis sie schön verkohlt sind. Dazu serviert er einen rostig-roten und krötig-grünen Dip. Was für ein fein fauliges Düftchen!

Für 3-4 Portionen

Für die Pommes:
- 1 kg lila Kartoffeln
- 3 EL Olivenöl
- grobes Meersalz

Für die Petersilien-Mayo:
- 1 kleine Knoblauchzehe
- ½ Bund Petersilie
- 50 g Mayonnaise

Für den Ketchup-Dip:
- 50 g Ketchup
- 1 TL BBQ-Sauce
- 1 TL Mayonnaise
- 1 Prise brauner Zucker

1. Den Ofen auf 200 °C (180 °C Umluft) vorheizen. Ein Backblech mit Backpapier belegen.
2. Kartoffeln waschen, schälen und in Pommes-große Stifte schneiden. In eine Schüssel geben, das Olivenöl dazugeben, die Pommes darin schwenken und auf dem Blech verteilen. Etwa 20 Minuten gar und knusprig backen.
3. In der Zwischenzeit für die Petersilien-Mayo die Knoblauchzehe schälen und pressen. Petersilie waschen, trocken schütteln und fein hacken. Mayonnaise, Knoblauch und Petersilie verrühren.
4. Für den zweiten Dip Ketchup mit BBQ-Sauce, Mayonnaise und Zucker verrühren.
5. Die knusprigen Pommes mit Salz abschmecken und mit beiden Dips servieren.

Verkohlte Brotbrocken

Schwarze Sesamsemmeln

Je länger das Essen gebraten oder gebacken wurde und je verkohlter es ist, desto lieber mögen es die Olchis – und wenn Olchi-Mama dann noch einen Gummiball ins Feuer legt, der so richtig qualmt, dann beißen die Olchis selig in ihre Brotbrocken.

Für 11 Semmeln

Für den Teig:

150 ml Vollmilch
1 Pck. Trockenhefe oder ½ Würfel frische Hefe
1 EL Honig
550 g Mehl
1 EL Salz
1 Ei (Größe M, Zimmertemperatur)
100 g weiche Butter
schwarze Lebensmittelfarbe, Aktivkohle oder natürliches Sepiapulver zum Einfärben des Teigs

Außerdem:

1 Eiweiß
2 EL schwarzer Sesam

1. Die Milch lauwarm erhitzen und mit 150 ml lauwarmem Wasser mischen. Hefe und Honig darin auflösen. 1 EL Mehl darüberstreuen und 10 Minuten stehen lassen.
2. Das restliche Mehl, Salz und Ei in eine Rührschüssel geben. Das Hefewasser dazugeben und alles mit den Knethaken des Handrührgeräts für mindestens 8 Minuten kneten. Nach 5 Minuten die Butter in 4–5 Stücken dazugeben. Zum Schluss den Teig mit Lebensmittelfarbe, Aktivkohle oder Sepiapulver schwarz einfärben. Dabei die Farbe langsam zugeben, bis der gewünschte Farbton erreicht ist.
3. Der Teig soll nun nicht mehr am Schüsselrand kleben. Sonst nach und nach 1–2 EL Mehl unterkneten. Den Teig abgedeckt 1 ½ Stunden gehen lassen.
4. Ein Backblech mit Backpapier auslegen. Den Teig auf eine leicht bemehlte Arbeitsfläche geben und einmal kurz, aber kräftig durchkneten. In 11 gleichschwere Portionen teilen. Diese flach drücken, und zur Mitte hin 6–8-mal zusammenfalten, sodass ein Ball entsteht. Den Schluss gut zusammendrücken und die Brötchen mit etwas Abstand auf das Backpapier setzen. Mit einem Tuch abgedeckt weitere 45 Minuten gehen lassen.
5. Den Backofen auf 190 °C (170 °C Umluft) vorheizen. Die Brötchen mit einem Pinsel ringsherum mit dem Eiweiß einstreichen. Mit schwarzem Sesam bestreuen. Auf der mittleren Schiene etwa 17–20 Minuten backen.

Knochenbraten mit bemoosten Kartoffelsteinen

Hackbraten mit Bratkartoffeln

Wenn die Olchi-Kinder mal wieder mit Professor Brauseweins Zeitmaschine einen aufregenden Ausflug zu den Riesenkraken oder den Rittern gemacht haben, kommen sie ganz schön ausgehungert nach Hause. Wie gut, dass die Olchi-Mama da einen sumpfigen Braten mit bemoosten Kartoffelsteinen vorbereitet hat.

Für 4-6 Portionen

Für den Hackbraten:

1 kleine Zwiebel
1 Knoblauchzehe
1 kleine Karotte
1 Handvoll TK-Gemüse nach Wahl
120 g Gouda
400 g gemischtes Hackfleisch
2 EL gehackte Petersilie
2 EL Ketchup
Salz, Pfeffer
1 Ei (Größe L)
50–70 g Paniermehl

Für die Kartoffeln:

500 g vorwiegend festkochende Kartoffeln
1 Knoblauchzehe
50 ml Olivenöl
1 EL Paprikapulver (edelsüß)
Salz
1 TL frische, gemischte Kräuter
500 g buntes TK-Gemüse

Für die Mayo-Sauce:

100 g Mayonnaise
Salz, Pfeffer
1 Knoblauchzehe

1. Die Kartoffel schälen, waschen und in ungleichmäßige Stücke (Steine) schneiden. In reichlich Salzwasser 5 Minuten angaren. Abgießen und kurz ausdampfen lassen. Knoblauch schälen und fein hacken. Mit Öl und Gewürzen für die Kartoffeln glatt rühren. Die Kartoffeln darin schwenken. Den Backofen auf 180 °C (160 °C Umluft) vorheizen. Ein Backblech mit Backpapier belegen.
2. Für den Hackbraten Zwiebel und Knoblauch schälen und fein würfeln. Karotte waschen, putzen, schälen und in sehr feine Würfel schneiden. Gemüse ebenfalls fein würfeln. Gouda würfeln. Das Hackfleisch mit allen Zutaten zu einer homogenen Masse verkneten. Auf dem Blech zu einem Knochen formen.
3. Die Kartoffeln mit auf das Blech geben. Das bunte Gemüse ebenfalls dazugeben. Etwa 45 Minuten garen. Kartoffeln zwischendurch 1–2-mal wenden.

Käsige Kabelstücke nach Art des Hauses

Mac'n' Cheese mit Würstchen

»Käserich und Wanzenbein, am schönsten ist es doch daheim!« Heute stehen müffelnde Kabelstücke mit Schuhsohlen-Raspeln und Gummiband-Nudeln auf dem Tisch – die Olchis sind entzückt. Es wird geschmatzt und geschlabbert, bis der letzte Krümel verputzt ist.

Für 6–8 Portionen
500 g kurze Makkaroni

Für die Sauce:
100 g Parmesan
250 g heller Cheddar
70 g Butter
60 g Mehl
250 ml kalte Milch
100 g Schmelzkäse (Gouda)
Salz
Pfeffer
½ TL Knoblauchpulver
1 Prise Muskatnuss
½ TL Paprikapulver (edelsüß)
½ TL Zwiebelpulver

Für die Brösel:
60 g Butter
70 g Panko (jap. Paniermehl)

Für die Würstchenschlangen:
Würstchen (ca. 15 cm lang)
Öl zum Braten

1. Makkaroni nach Packungsangabe in reichlich Salzwasser bissfest kochen. In ein Sieb abgießen und abtropfen lassen.
2. Für die Sauce den Parmesan reiben und den Cheddar würfeln. Die Butter in einem Topf schmelzen. Das Mehl dazugeben und mit einem Schneebesen glatt rühren. Milch und 300 ml kaltes Wasser dazugießen und unter Rühren aufkochen lassen. Die Temperatur herunterdrehen und Schmelzkäse, Cheddar und Parmesan in die Sauce geben und langsam schmelzen lassen. Mit den Gewürzen abschmecken.
3. Für die Brösel die Butter in einer Pfanne schmelzen. Panko dazugeben und unter Rühren anrösten.
4. Die Würstchen längs in Viertel schneiden. In einer Pfanne mit ausreichend Fett langsam von allen Seiten anbraten. Dabei ziehen sie sich automatisch zu Ringen zusammen. Diese Ringe ineinanderstecken. Die Nudeln mit der Sauce vermischen und mit Bröseln bestreuen. Die Würstchen dazu servieren.

Seifige Käsefüßchen

Quesadillas mit Avocadodip

Zu Besuch am Wattenmeer bei Othello, dem coolen Cousin der Olchis. Nur fünfzig Jahre älter ist er als die Olchi-Kinder, er färbt sich die Haare und trägt die krötigsten Mülltüten-Hosen. Bei ihm gibt es auch immer etwas Besonderes zum Snacken. Heute sind es die guten Seifigen Käsefüßchen! Da hat sich der weite Flug mit Feuerstuhl doch gelohnt.

Für 24 Stück

Für die Salsa:

1 Zwiebel
1 rote Paprikaschote
1 Knoblauchzehe
Öl zum Braten
2 EL brauner Zucker
1 TL Balsamico-Essig
100 ml naturtrüber Apfelsaft
1 Dose gehackte Tomaten (400 g)
1 EL Tomatenmark
¼ TL getrockneter Koriander oder Petersilie
Salz
Pfeffer
Paprikapulver (edelsüß)

Für den Avocadodip:

1 Avocado
1 Stiel Petersilie
4 Kirschtomaten
1 Knoblauchzehe
Saft von ½ Zitrone
1 EL Frischkäse oder Schmand
Salz
Pfeffer

1. Für die Salsa Zwiebel schälen und klein schneiden. Paprikaschote waschen, entkernen und in kleine Würfel schneiden. Knoblauch schälen und pressen. In einem kleinen Topf Knoblauch und Zwiebel mit 1 EL Öl glasig dünsten. Paprika dazugeben und 5 Minuten dünsten. Zucker dazugeben und karamellisieren lassen. Mit dem Balsamico-Essig ablöschen. Apfelsaft, Tomaten und Tomatenmark dazugeben. Mit den Gewürzen abschmecken. Alles für 45 Minuten köcheln lassen.
2. Für den Avocadodip die Avocado halbieren, den Kern entfernen und das Fruchtfleisch herauslöffeln. Petersilie waschen und trocken schütteln. Tomaten waschen und halbieren. Knoblauch schälen. Alle Zutaten mit einem Stabmixer pürieren. Abschmecken.
3. Für die Wraps Süßkartoffeln waschen, schälen und reiben. Knoblauch und Zwiebel schälen. Knoblauch pressen, Zwiebel fein würfeln. Champignons putzen (dazu mit einem trockenen Küchentuch gut abreiben) und ebenfalls in sehr feine Würfel schneiden. Petersilie waschen, trocken schütteln und hacken.
4. Die Zwiebel mit dem Knoblauch in einer Pfanne mit etwas Olivenöl glasig dünsten. Süßkartoffeln und Pilze dazugeben. Alles etwa 8 Minuten dünsten. Mit Gewürzen, Zitronensaft und Petersilie abschmecken. Abkühlen lassen. Zuletzt den Käse unter die Masse heben.

Lies weiter auf der nächsten Seite.

Für die Wraps:

300 g Süßkartoffeln
1 Knoblauchzehe
1 kleine Zwiebel
2 Champignons
3 Stängel Petersilie
2 EL Olivenöl
Salz
Pfeffer
Paprikapulver (edelsüß)
Saft von ½ Zitrone
120 g geriebener Käse
6 große Weizenvollkorn-Wraps

Außerdem:

Keksausstecher in Fußform (ca. 9,5 cm)

5. Die Masse auf 3 Wraps verteilen und gleichmäßig verstreichen. Jeweils einen zweiten Wrap daraufsetzen und leicht andrücken. Mit einem Fuß-Keksausstecher etwa 24 Füße ausstechen.

6. Die Füße in einer Pfanne ohne Fett bei niedriger Temperatur von beiden Seiten etwas anbraten. Die Käsefüße schmecken warm und kalt. Mit Avocadodip und Salsa servieren.

Schmierseifen-Dip

Joghurtdip mit Kresse

Olchi-Mama ist wirklich eine wahre Künstlerin in der Küche – aus allem zaubert sie ein wunderbar ranziges, muffliges Gericht. Heute serviert sie einen oberolchigen Dip aus alter Schmierseife, den Olchi-Opa am liebsten zu feuerheißen Drachenknödeln isst.

Für ca. 500 g

1 Dose weiße Bohnen (Abtropfgewicht 450 g)
2 Knoblauchzehen
1 TL Zitronensaft
1 EL Frischkäse
Salz
Pfeffer
¼ TL getrockneter Koriander
1 Schälchen Kresse

1. Die Bohnen in ein Sieb abgießen und abtropfen lassen. Den Knoblauch schälen. Bohnen, Knoblauch, Zitronensaft und Frischkäse zu einem cremigen Dip pürieren. Abschmecken. Mit Kresse servieren.
2. Dieser Dip passt oberolchig-gut zu Brot, Chips und den Verkohlten Brotbrocken von Seite 77.

Rostsuppe mit Gräten

Karottensuppe mit Parmesancrackern

Was blubbert denn heute so verlockend im Olchi-Topf? Eine muffige Rostsuppe! »Tu ruhig noch ein paar Gräten rein, die Suppe muss schön kräftig sein!«, ruft der Olchi-Opa.

Für 4-6 Portionen

Für die Suppe:

500 g Karotten
250 g mehligkochende Kartoffeln
1 Zwiebel
2 Knoblauchzehen
Olivenöl zum Anbraten
1 l Gemüsebrühe
500 ml Orangensaft
Salz
Pfeffer
¼ TL Ingwerpulver
¼ TL Selleriesalz
¼ TL getrockneter Liebstöckel

Für die Cracker:

40 g Parmesan
100 g helles Vollkornmehl
2 Eier (Größe M)
Salz
Pfeffer
1 Prise Muskatnuss
30 g weiche Butter

Außerdem:

Fischgräten-Silikonform

1. Für die Suppe die Karotten und Kartoffeln schälen und in grobe Würfel schneiden. Zwiebel und Knoblauch schälen. Zwiebel würfeln und Knoblauch vierteln.
2. In einem großen Topf Zwiebel und Knoblauch in 1 EL Olivenöl kurz andünsten. Kartotten und Kartoffeln dazugeben und mit Brühe und Orangensaft aufgießen. 30 Minuten köcheln lassen.
3. Unterdessen die Cracker zubereiten: Den Backofen auf 170 °C (150 °C Umluft) vorheizen. Den Parmesan fein reiben und alle Zutaten miteinander verkneten. Den Teig zu einer Kugel formen, in Frischhaltefolie wickeln und 10 Minuten im Kühlschrank ruhen lassen. Den Teig in die Vertiefungen der Silikonform drücken. Etwa 10 Minuten backen. Gegebenenfalls wiederholen, bis der Teig verbraucht ist.
4. Die Suppe mit einem Stabmixer fein pürieren. Mit den Gewürzen abschmecken. Ist die Suppe zu dickflüssig, nach Bedarf mit Gemüsebrühe verlängern. Mit den Fischgräten-Crackern servieren.

Feiner Kabelsalat

Gemüsenudel-Salat

Wie wunderbar, wenn die Olchis in der neuen Lieferung Elektroschrott auf ihrem Müllberg einen Haufen alter Kabel finden. Da zaubert Olchi-Mama den allerfeinsten, knackigen Kabelsalat draus und der Olchi-Papa schaufelt sich mit der flachen Hand einen ganzen Berg davon in den Mund. Sehr krötig!

Für 6 Portionen

Für die Gemüsenudeln:
je 2 lilafarbene, gelbe und rote Karotten
je 1 gelbe, orange und Ringel-Bete
1 Rote Bete (nach Belieben)

Für das Pfirsichtee-Dressing:
1 Beutel Pfirsichtee
1 EL Zucker
3 EL Olivenöl
Saft von 1 Zitrone
Salz
Pfeffer
½ TL Zwiebelpulver
1 TL milder Senf
4–5 Stiele Petersilie
1 EL Fruchtessig
(z. B. Aprikosen-Essig)

Außerdem:
Spiralschneider

1. Für das Dressing 50 ml Wasser aufkochen und den Tee damit übergießen. 5 Minuten ziehen lassen. Den Tee abgießen und mit den weiteren Zutaten zu einer Vinaigrette rühren.
2. Für die Gemüsenudeln Karotten und Beten waschen, putzen und schälen. Nach Belieben rote Bete zum Schluss und separat verarbeiten, dabei am besten Gummihandschuhe tragen. Mit einem Spiralschneider zu Spaghetti schneiden.
3. In einer großen Salatschüssel Gemüse und Vinaigrette mischen. Erst kurz vor dem Servieren die Rote Bete dazugeben, falls verwendet. Dazu passen die Fein-fauligen Fischgräten (Kartoffelkekse) von Seite 21.

Olchi-Mamas TIPP

Du kannst – statt den Tee selber zu machen – auch Instanttee verwenden.

Olchi-Mamas TIPP

Wichtig ist, dass die Spieße komplett in den verwendeten Topf oder die Pfanne passen. Lass dir beim Frittieren von einem Erwachsenen helfen, das Öl spritzt leicht.

Olchige Gurken

Grün bestrichene Corn Dogs

Beim Spielen haben die Olchi-Kinder ein Glas Gurken gefunden. Die riechen herrlich moderig und sind garantiert nicht mehr frisch. Olchi-Oma legt sie in Stinkerbrühe und streut ein bisschen Knochenmehl darüber – fertig ist die olchigen Vorspeise. Dazu passt sehr gut schwarze oder braue Schuhcreme oder etwas Zahnpasta aus der Tube.

Für 18-20 Stück

Für den Backteig:

280 g Mehl
130 g feine Polenta
½ Pck. Backpulver
2 Eier (Größe M)
Salz
Pfeffer
1 TL Knoblauchpulver
1 TL Paprikapulver (edelsüß)
270 ml Buttermilch

Für den Dip:

100 g Frischkäse
Salz
Pfeffer
3 EL milder Senf

Außerdem:

20 g TK-Spinat
20 Würstchen (ca. 10 cm lang)
2 EL Mehl
1 l Sonnenblumenöl zum Frittieren

1. Den Spinat auftauen lassen. Für den Backteig alle Zutaten zusammenrühren. In ein tiefes Glas o. Ä. füllen.
2. Das Öl in einem hohen –Topf oder einer tiefen Pfanne erhitzen. Steigen an einem hineingehaltenen Holzlöffel kleine Bläschen auf, ist das Öl heiß genug. Einen großen Teller mit Küchenpapier bereitstellen.
3. Die Würstchen weit auf die Schaschlikpieße stecken. Die Spieße müssen samt Würstchen in den Topf passen. Gegebenenfalls kürzen.
4. Die aufgespießten Würstchen leicht mit Mehl bestäuben und komplett in das Glas mit dem Teig tauchen. Wenn der Teig nicht direkt an den Würstchen haften bleibt, mit Hilfe eines Löffels verstreichen.
5. Jeden Spieß für ein paar Sekunden in das heiße Öl halten, dann hineingleiten lassen und etwa 2–4 Minuten goldbraun frittieren. Mit einer Küchenzange herausnehmen und auf dem Küchenpapier kurz abtropfen lassen.
6. Den Spinat mit 30 ml Wasser pürieren. Mit einem Backpinsel die Corndogs damit einstreichen.Sie schmecken warm und kalt.
7. Für den Dip alle Zutaten glatt rühren. Die Corndogs mit dem Dip servieren.

Ölige Radkappen

Blätterteig-Pizza

Radkappen kann man nicht nur ganz praktisch als Teller benutzen, nein, sie schmecken auch hervorragend, wenn man sie liebevoll zubereitet. Olchi-Opa kann davon gar nicht genug bekommen!

Für 6-8 Portionen

1 kleine Zwiebel
1 Knoblauchzehe
4–5 Champignons
1 EL Olivenöl
1 TL Butter
1 TL Tomatenmark
1 TL Sojasauce
½ TL Mehl
80 ml Gemüsebrühe
Salz
Pfeffer
Paprikapulver (edelsüß)
1 EL gehackte Petersilie
2–3 Mini-Salamis (oder vegetarische Alternative)
½ Kugel Mozzarella
1 Pck. frischer Blätterteig
50 g geriebener Gouda

1. Für die Sauce Zwiebel schälen und sehr fein würfeln. Knoblauch schälen und pressen. Champignons mit einem Küchenpapier trocken abreiben und in Scheiben schneiden.
2. Olivenöl und Butter in einer Pfanne erhitzen und Zwiebel und Knoblauch darin glasig dünsten. Herausnehmen. In der gleichen Pfanne die Pilze scharf anbraten. Ebenfalls herausnehmen. Zwiebeln und Knoblauch zurück in die Pfanne geben. Das Tomatenmark dazugeben und anrösten. Mit Sojasauce ablöschen. Mit Mehl bestäuben und die Brühe dazugeben. Alles glatt rühren. Mit Salz, Pfeffer und Paprika würzen und 2–3 Minuten blubbernd köcheln lassen. Petersilie dazugeben.
3. Den Backofen auf 200 °C (180 °C Umluft) vorheizen. Ein Backblech mit Backpapier belegen. Salami in dünne Scheiben und Mozzarella in Würfel schneiden. Den Blätterteig auf dem Backblech ausrollen. Mit einer Gabel gleichmäßig einstechen. Die Sauce darauf verstreichen. Pilze und Salamistücke auf dem Blätterteig verteilen. Die Pizza mit beiden Käsesorten bestreuen. Im Ofen etwa 20 Minuten knusprig backen.

Pappige Moderknödel

Fleischbällchen auf buntem Bohnen-Salat

Nicht nur Stinkerkuchen hilft den Olchi-Kindern, wenn sie etwas Frisches gegessen haben und infolgedessen bunte Flecken und Bauchweh bekommen. Auch Olchi-Omas altes Hausrezept für pappige Moderknödel wirkt wie ein Wundermittel: Die helfen nicht nur, die schmecken auch gut!

Für 4-6 Portionen

Für die Fleischbällchen:

1 Zwiebel
1 Knoblauchzehe
¼ Bund Petersilie
400 g Rinderhackfleisch
Salz, Pfeffer
Paprikapulver (edelsüß)
1 TL Kreuzkümmel
1 EL milder Senf, 1 EL Ketchup
1 Ei (Größe M)
3–5 geh. EL zarte Haferflocken

Für den Salat:

500 g weiße Riesen-Bohnen
250 g Kidneybohnen
225 g schwarze Bohnen
165 g kleine weiße Bohnen
1 rote Paprikaschote
½ Salatgurke
1 Schalotte
½ Bund Petersilie

Für das Dressing:

50 ml Olivenöl
1 EL Ketchup
3 EL Fruchtessig
Saft von 1 Limette
Salz, Pfeffer
Knoblauchpulver
1 TL Zucker

1. Für die Fleischbällchen Zwiebel und Knoblauch schälen. Zwiebel fein würfeln und Knoblauch pressen. Petersilie waschen, trocken schütteln und fein hacken. Alle Zutaten bis auf die Haferflocken mit den Händen gut vermengen. Zuerst 3 EL Haferflocken dazugeben und ebenfalls gut verkneten. Ist die Masse noch zu weich, weitere Haferflocken dazugeben. 5 Minuten stehen lassen.
2. In dieser Zeit den Ofen auf 175 °C (155 °C Umluft) vorheizen und ein Backblech mit Backpapier auslegen. Mit leicht angefeuchteten Händen ca. 12 gleich große Portionen von der Hackfleischmasse abnehmen und zu Bällchen formen. Auf das Blech legen und im Ofen 17–20 Minuten backen.
3. Für den Salat alle Bohnen abgießen und abbrausen. Paprikaschote waschen und entkernen. Gurke waschen und nach Belieben schälen. Beides in kleine Würfel schneiden. Schalotte schälen und fein würfeln. Die Petersilie waschen, trocken schütteln und fein hacken.
4. Für das Dressing alle Zutaten in ein Glas mit Schraubdeckel füllen und 30 Sekunden kräftig schütteln.
Bohnen, Gemüse, Petersilie und Dressing in einer großen Schüssel vermengen, 15 Minuten ziehen lassen und abschmecken. Mit den Fleischbällchen servieren.

Schuhband-Spaghetti mit Fahrradöl-Klecksen

Spaghetti-Muffins mit Spinat

Weich gekochte Fahrradspeichen oder auch alte Schuhbänder schlürfen die Olchis wie Spaghetti – mit feinen Holzbrösel bestreut, dazu eine Handvoll Plastiktüten-Schnipsel und ein paar Spritzer Fahrradöl… Das ist ein wahrer Hochgenuss. Dazu passt wunderbar ein Glühbirnen-Kompott. Also Füße auf den Tisch und reingehauen!

Für 12 Stück

60–70 g TK-Spinat
Butter oder Margarine zum Einfetten
500 g Faden-Nudelnester
500 ml fertige Tomatensuppe
200 g Sahne
Salz
Pfeffer
Paprikapulver
Knoblauchpulver
100 g geriebener Käse

Außerdem:

Muffinblech mit 12 Mulden

1. Den Spinat auftauen lassen und in einem Sieb abtropfen. Den Backofen auf 180 °C (160 °C Umluft) vorheizen.
2. Das Muffinblech gut mit Margarine oder Butter einfetten. Ein Nudelnest in jede Mulde geben und mittig ein Loch hineindrücken.
3. Tomatensuppe mit 70 ml Wasser und Sahne aufkochen und mit den Gewürzen abschmecken. Die Flüssigkeit gleichmäßig über die Nudeln gießen. Den Spinat darauf verteilen und alle Nudelnester mit dem Käse bestreuen.
4. Das Muffinblech auf einem Gitterrost in den Ofen schieben und 22–25 Minuten backen. Aus dem Ofen nehmen und in der Form abkühlen lassen. Die Muffins mit einem Messer vom Rand lösen und herausheben.

Überbackener Ziegelstein mit fauligem Ei

Croissant-Ecken

Ziegelsteine sind genau das Richtige für die starken Olchi-Zähne. Sie knirschen so schön beim Reinbeißen! Dazu gibt es faulige Eier, die das Olchi-Baby mit seinen Zähnen aufknacken darf. Und während die Olchi-Familie schmatzt und rülpst, dass es eine Freude ist, stibitzt sich auch die Fledermaus Flutschi ein Stückchen Ziegelstein.

Für 6 Stück

1 Dose frischer Croissant-Teig (aus dem Kühlregal)
6 Eier (Größe S)
8 Scheiben Bacon
3 Scheiben Gruyère
5–6 Schnittlauchhalme
Salz
Pfeffer

1. Den Backofen auf 200 °C (180 °C Umluft) vorheizen. Ein Backblech mit Backpapier belegen.
2. Den Teig ausrollen und in 6 gleich große Portionen teilen. Die Ränder nach innen umklappen und mit einer Gabel festdrücken. Die vorperforierten Stellen mit den Fingern zusammendrücken.
3. 1 ½ Scheiben Käse in Viertel schneiden, sodass 6 Stücke entstehen. Den Rest fein hacken. Auf jedes Croissant-Eck mittig ein Käseviertel legen. Den Bacon der Länge nach halbieren. Jeweils 3 Stücke pro Croissant-Eck als Barriere an die Seiten legen. Je 1 Ei in die Mitte geben. Mit Salz und Pfeffer würzen und mit dem restlichen Käse bestreuen. Etwa 18–20 Minuten backen. Aus dem Ofen nehmen und mit Schnittlauch bestreut servieren.

Olchi-Mamas TIPP

Am besten die Eier erst auf die Croissant-Ecken geben, wenn das Blech im Ofen ist. Dazu die Eier einzeln in ein Glas aufschlagen und vorsichtig in die Mitte der Croissant-Ecken geben.

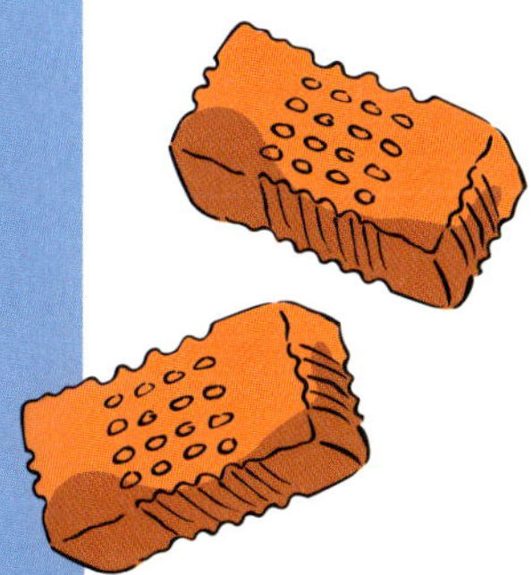

Kapitel 5

Deine muffelfurzstarke Gefurztagsparty –
oder was es sonst so zu feiern gibt in Schmuddelfing

Olchi-Mädchen-Kuppeltorte

Kuppel-Biskuit-Torte mit Mascarpone-Frischkäse-Creme

Das Olchi-Mädchen wird hier zur leckeren Schoko-Creme-Torte: Mit ihren drei Hörhörnern kann sie Ameisen husten hören und Regenwürmer rülpsen. Die dicke Knubbelnase riecht am liebsten fein Fauliges. Die Haare sind so hart, dass man sie mit keiner Schere schneiden kann. Und die scharfen Zähne knacken alles, sogar Holz, Plastik, Stein und Metall. Vom Zähneputzen hat das Olchi-Mädchen noch nie etwas gehört, und wenn es gähnt, dann stürzen die Fliegen ab!

Für 1 Torte

Für 2 Biskuitböden:
- 8 Eier
- 200 g Zucker
- 100 g Mehl
- 40 g Speisestärke
- 40 g Backkakao
- 2 Msp. Backpulver

Für die Füllung:
- 500 g Mascarpone
- 600 g Frischkäse
- 70 g Zucker
- 3 Pck. Vanillezucker
- 100 g Sahne
- 1 ½ Päckchen Vanille-Dessertpulver zum Kaltanrühren
- 100 g bunte Zuckerkugeln

Für die Buttercreme:
- 250 g weiche Butter
- 300 g Puderzucker
- grüne Lebensmittelfarbe
- 60 g Sahne

1. Den Backofen auf 180 °C (160 °C Umluft) vorheizen und 2 Bleche mit Backpapier auslegen.
2. Für den ersten Biskuitboden 4 Eier mit 100 g Zucker mindestens 5 Minuten mit den Schneebesen der Küchenmaschine/des Handmixers schaumig aufschlagen. 50 g Mehl, 20 g Speisestärke, 20 g Kakao und 1 Messerspitze Backpulver vermischen und mit einem Teigschaber unter die Eimasse heben. Den Biskuitteig etwa 2 cm dick auf das erste Backblech geben und glatt streichen. Im vorgeheizten Ofen auf mittlerer Schiene 8–10 Minuten backen (nicht zu dunkel werden lassen!). Das Blech auf ein Kuchengitter stellen und den Biskuit auskühlen lassen.
3. Den zweiten Biskuitboden genauso zubereiten und auf dem zweiten Blech backen. Ebenfalls auf einem Kuchengitter auskühlen lassen.
4. Die Rührschüssel mit Frischhaltefolie auskleiden. Einen Biskuitboden in Dreiecke und Streifen schneiden, und so die Schüssel, ohne große Lücken, mit einer Lage Biskuit auskleiden. Kuchenglasur nach Packungsangabe schmelzen und mit einem Backpinsel die Nähte der Biskuitplatten verschließen. Anschließend die restliche Glasur über die Platten streichen und so stabilisieren.

Lies weiter auf der nächsten Seite.

Außerdem:

1 Pck. Kuchenglasur
2 Pck. grüner Fondant
je 1 Pck. weißer, schwarzer und blauer Fondant
Schaschlikspieße
Schleifenband
Basteldraht
runde Rührschüssel (4,8 l Fassungsvermögen)

5. Für die Füllung mit den Schneebesen des Handrührgeräts Mascarpone, Frischkäse, Zucker, Vanillezucker und Sahne glatt rühren. Dessertpulver dazugeben und rühren, bis die Masse fest wird. Die bunten Kugeln unter die Creme heben. Die erste Schicht Creme etwa 3 cm hoch in die Schüssel geben und glatt streichen. Aus dem zweiten Biskuit einen passenden Kuchenboden ausschneiden, auf die Creme setzen und leicht andrücken. Eine zweite Cremeschicht einfüllen, glatt streichen und einen weiteren, passenden Boden aus dem Biskuit schneiden und daraufsetzen. Die restliche Creme verstreichen, erneut einen Kuchenboden ausschneiden (wenn der Biskuit nicht mehr für einen ganzen Boden ausreicht, kann aus mehreren Stücken ein Boden gepuzzelt werden) und auflegen. Nun sollte der Boden mit dem Rand der Schüssel bündig abschließen. Die Torte mit Frischhaltefolie abdecken, mit einem Teller und etwas schwerem wie zum Beispiel einer Packung Milch beschweren und für mindestens 5 Stunden kühl stellen.

6. Unterdessen aus grünem Fondant Hörhörner und Nase, aus weißem, schwarzem und blauem Fondant Augen und Augenbrauen für das Olchi-Mädchen formen. Außerdem einen Mund und Zähne herstellen. Die Hörhörner auf Schaschlikspieße stecken. Die Augen mit etwas Wasser zusammensetzen und festkleben. Die Nase ebenfalls auf ein Holzstäbchen stecken.

7. Für die Buttercreme die Butter mit den Schneebesen des Handrührgeräts mindestens 5 Minten hellweiß aufschlagen. Puderzucker sieben, nach und nach dazugeben und weitere 2 Minuten rühren. Die grüne Lebensmittelfarbe dazugeben, bis die Creme den gewünschten Grünton hat. Löffelweise die Sahne dazugeben und unterrühren.

8. Die Torte aus dem Kühlschrank nehmen, den Teller entfernen und die Schüssel vorsichtig auf eine Tortenplatte stürzen. Dazu die Frischhaltefolie herunternehmen, die Tortenplatte auf den Tortenboden legen, und Schüssel und Platte gleichzeitig umdrehen. Die Schüssel vorsichtig anheben. Die Folie entfernen. Die grüne Buttercreme gleichmäßig und deckend verstreichen. Für weitere 30 Minuten kühl stellen.

9. Zum Schluss die vorbereiteten Hörhörner, Augen, Nase, Mund, Zähne und Augenbrauen anbringen und gut befestigen. Zuletzt die Haare aus Basteldraht formen, feststecken und Schleifen aus Schleifenband daran befestigen.

Fledermaus Flutschi

Tropischer Rührkuchen

Flutschi, die Fledermaus, ist ein treuer Begleiter. Mit ihr können die Olchi-Kinder wunderbar spielen. Und auch zum Überbringen von irgendwelchen Nachrichten ist die Fledermaus oft gut zu gebrauchen. Die Olchis haben ja kein Telefon auf ihrem Müllberg!

Für 1 Fledermaus:

Für den Teig (für 2 Böden):

- 4 Eier (Größe M)
- 4 EL Aprikosenkonfitüre
- 200 g Zucker
- 120 g weiche Butter
- 240 g Mehl
- 2 gestr. TL Backpulver
- 50 g Speisestärke
- 2 Pck. Vanillezucker
- 220 ml Multivitaminsaft

1. Den Backofen auf 180 °C (160 °C Umluft) vorheizen. Die Springformen einfetten und die Böden mit Backpapier auslegen.
2. Für den Teig des ersten Bodens in einer Schüssel 2 Eier, 2 EL Konfitüre und 100 g Zucker schaumig rühren. 60 g Butter dazugeben und unterrühren. 120 g Mehl, 1 TL Backpulver, 25 g Speisestärke und 1 Päckchen Vanillezucker mischen und mit 110 ml Saft zusammen kurz unter die Eimasse mischen. In die erste Springform gießen und etwa 30 Minuten backen.

Lies weiter auf der nächsten Seite.

Für die Dekoration:

300 g Sahne
150 g Mascarpone
2 Pck. Vanillezucker
70 g schwarzes Kakaopulver
schwarze Lebensmittelfarbe
je ¼ Pck. Fondant in Rosa, Weiß und Schwarz (alternativ weiße und rosa Lebensmittelfarbe)

Außerdem:

1 oder 2 Springformen (Ø 15 cm) (siehe Tipp)
runde Ausstechform (Ø 5 cm)

3. Stäbchenprobe machen: Wenn an einem hineingesteckten Holzspieß kein Teig mehr haften bleibt, ist der Kuchen fertig. Aus der Form lösen und komplett auskühlen lassen. In der Zwischenzeit den zweiten Boden genauso zubereiten und backen.

4. Für die Dekoration Sahne mit Mascarpone, Vanillezucker und Kakao glatt rühren. Mit Lebensmittelfarbe einfärben, bis der gewünschte Schwarzton erreicht ist. Aus rosa Fondant Ohren und Nase, aus weißem Fondant Zähne und Augen herstellen. Mund und Pupillen aus schwarzem Fondant formen.

5. Den ersten Kuchen auf ein Servierbrett o. Ä. setzen. Beide Kuchen oben begradigen. Den zweiten Kuchen mittig zu 2 Halbkreisen, die die Flügel darstellen, teilen, diese rechts und links neben den ersten Boden (Körper) legen, sodass der gebogene Rand jeweils nach oben schaut. Dort, wo die Flügel an den Körper grenzen, mit einem runden Ausstecher jeweils einen schmalen Halbkreis abschneiden. Diese werden zu den Ohren. Die ausgestochene Seite passt nun bestens an den Körper.

6. An den Flügeln unten (an der Schnittseite) mit dem Ausstecher zweimal einen Halbkreis ausstechen (die typische Fledermausflügel). Ohren und Flügel an den Körper legen. Alles am besten mit einer kleinen Winkelpalette ringsherum mit der schwarzen Creme einstreichen. Für die Fell-Optik mit der flachen Palette vorsichtig auf die Creme patschen. Augen, Nase, Mund, Zähne und Ohren auflegen.

Olchi-Mamas TIPPS

Anstelle von schwarzem Kakaopulver kannst du auch herkömmlichen Backkakao und mehr schwarze Lebensmittelfarbe verwenden.
Wer zwei Springformen hat, kann beide Kuchen gleichzeitig backen. Sonst einen nach dem anderen backen.

Olchi-Pops

Cookie-Pops

Was hat drei Hörhörner, eine Knubbelnase und ist krötig-grün? Natürlich, ein Olchi, was sonst. Diese kleinen Olchis schmecken nicht nur, sie machen auf deiner oberolchigen Gefurztagsparty auch richtig was her!

Für 8 Stück

1 Pck. grüne Kuchenglasur
8 Schokokekse mit Milchcremefüllung (z. B. Oreos)
8 gezuckerte, kegelförmige Fruchtgummis (als Nasen)
16 Zuckeraugen
24 Kaubonbonstäbchen

Außerdem:

8 grüne Cake-Pop-Stiele

1. Die Kuchenglasur nach Packungsanleitung schmelzen. Von den Keksen vorsichtig eine Seite abheben. Einen Cake-Pop-Stab in die Creme drücken, mit Kuchenglasur beträufeln und die Kekshälfte wieder daraufsetzen und so alles fest zusammenkleben.
2. Die Kuchenglasur in ein hohes, schmales Glas füllen. Ein Backpapier bereitlegen. Die Stiele mit dem Keks voran in die Glasur tauchen. Abtropfen lassen und auf dem Backpapier aushärten lassen. Die Kekse gegebenenfalls zweimal in die Glasur tauchen.
3. Die Kaubonbonstäbchen für die Hörhörner gegebenenfalls etwas kürzen. Am unteren Ende flach zusammendrücken und mit etwas flüssiger Glasur oben in den Keks-Schlitz schieben und festkleben. Für Nase und Augen mit einem Zahnstocher kleine Kuchenglasur-Punkte auftragen und Augen und Nasen damit festkleben. Trocknen lassen.

Feuerstuhl-Kuchen

Orangenlimo-Kuchen

Feuerstuhl ist ein sehr gutmütiger Drache und ein ausdauernder Flieger. Er hat zwei Flügel und hinten einen Auspuff. Mit ihm kommen die Olchis überall hin. Mit Schmuddelbrühe aufgetankt, bewältigt Feuerstuhl auch weite Strecken mühelos. Seine Hobbys sind: bunte Qualmwolken ausstoßen, Loopings und Sturzflügel, und natürlich Schlafen, am liebsten gleich 25 Stunden am Tag.

Für 1 Kuchen

Für den Teig:
- 4 Eier (Größe M)
- 200 g Zucker
- 200 ml Öl
- 300 g Mehl
- 1 Pck. Backpulver
- 1 Pck. Orangenschalen-Aroma
- 200 ml Orangenlimonade

Für die Creme:
- 250 g Mascarpone
- 300 g Frischkäse
- 50 g Zucker
- 1 EL Zitronensaft
- 1 Pck. Zitronen-Dessertpulver zum Kaltanrühren
- etwas grüne Lebensmittelfarbe

1. Den Backofen auf 180 °C (160 °C Umluft) vorheizen. Die Backform mit Backpapier auslegen.
2. Eier und Zucker 4 Minuten auf höchster Stufe mit dem Schneebesen des Handrührgeräts hell-dick-schaumig rühren. Das Öl langsam dazugeben, dabei weiterrühren. Mehl, Backpulver und Orangenschalen-Aroma miteinander vermischen. Abwechselnd mit der Limonade unter die Eiermasse rühren. In die Backform füllen und etwa 1 Stunde backen. Stäbchenprobe machen: Bleibt an einem hineingesteckten Holzspieß kein Teig mehr haften, ist der Kuchen fertig. Aus dem Ofen nehmen und in der Form auf einem Kuchengitter komplett auskühlen lassen.
3. Unterdessen zum Beispiel aus einem Olchi-Buch einen Kopf von Drache Feuerstuhl auf ein weißes Papier abzeichnen (bzw. abpausen). Schwanz, Flügel und Rückenschuppen ebenfalls abpausen. Ein Stück Backpapier darüberlegen. Achtung: Die Fläche muss glatt und eben sein!
4. Die grüne Kuchenglasur nach Packungsanleitung schmelzen und in den Spritzbeutel füllen. Die äußeren Linien der aufgemalten Drachenteile nachzeichnen. Trocknen lassen.
5. Nach dem Trocknen großzügig mit grüner Kuchenglasur füllen (gegebenenfalls nochmals schmelzen) und gut durchhärten lassen.
6. Die hellblaue Glasur schmelzen und damit die Flecken für den späteren Körper auf das Backpapier zeichnen. Die weiße und die schwarze Kuchenglasur schmelzen und damit Augen, Nase, Mund und Muster auf den getrockneten Kopf und die Flügel auftragen.

Für die Deko:

Kuchenglasur in den Farben Grün, Hellblau, Weiß und Schwarz

Außerdem:

Backform (30 cm lang)
Spritzbeutel mit kleiner Lochtülle
Schaschlikspieße

7. Kopf und Schwanz vorsichtig umdrehen und an der Rückseite jeweils 3 lange Schaschlikspieße mit Kuchenglasur befestigen. Die Glasur für mehr Stabilität großzügig auf der Rückseite verstreichen. Die Flügel müssen so befestigt werden, dass die Spieße auf der Rückseite senkrecht stehen. Dafür etwas kühlere Schokolade verwenden, die noch leicht flüssig ist. Einen kleinen Schokoberg bauen, Stäbchen hineinstecken, mehr Schokolade zur Festigkeit auftragen und kurz halten, bis die Schokolade aushärtet.

8. Für die Creme alle Zutaten bis auf das Dessertpulver und die Lebensmittelfarbe mit den Schneebesen des Handrührgeräts glatt rühren. Das Pulver unter Rühren dazugeben und die Creme mit der Lebensmittelfarbe nach Belieben einfärben.

9. Den Kuchen auf eine Platte oder ein Brett setzen und gleichmäßig mit der Creme bestreichen. Mit der Creme einen Buckel für den Rücken formen. Alles gut glatt streichen. Nun die Länge der Spieße etwas anpassen und dann Kopf, Schwanz und Flügel feststecken. Die Schuppen in die Creme stecken und die blauen Tupfen verteilen.

Krötentaler

Amerikaner mit Froschgesicht

Die Olchi-Familie hat viele Haustiere: den Drachen Feuerstuhl, eine Fledermaus, Ratten, Mäuse, Wanzen, Läuse und ein paar Kröten. Wenn die nicht gerade faul in ihren Pfützen sitzen und quaken, hüpfen sie gern mit den Olchi-Kindern um die Wette. Und Olchi-Opa will den Kröten immer mal wieder das Seiltanzen beibringen. Beim ranzigen Käserich, das ist aber gar nicht so leicht.

Für 13 Stück

Für die Amerikaner:

110 g weiche Butter
100 g Zucker
2 Eier (Größe M)
1 TL Zitronenextrakt (in Öl)
180 g Mehl
30 g Buchweizenmehl
50 g gemahlene Mandeln
1 Pck. Backpulver
40 g Speisestärke
50 ml Milch

Für den Guss:

300 g Puderzucker
1–3 EL Zitronensaft
grüne Lebensmittelfarbe

Außerdem:

26 weiße Choco Melts und einige zum Schmelzen
26 Schokotropfen
1–2 Pck. grüne Kuchenglasur
Spritzbeutel mit großer Lochtülle (2 cm)

1. Den Backofen auf 180 °C (160 °C Umluft) vorheizen. 2 Backbleche mit Backpapier auslegen.
2. Die Butter mit den Rührbesen des Handrührgeräts oder der Küchenmaschine hellweiß aufschlagen. Den Zucker dazugeben und gut verrühren. Eier und Zitronenöl dazugeben und etwa 2 Minuten weiterrühren. Das Mehl sieben und mit Buchweizenmehl, Mandeln, Backpulver und Speisestärke mischen. Zur Buttermasse geben und zu einem glatten Teig rühren, dabei nach und nach etwas Milch dazugeben.
3. Eine kleine Schale mit Wasser bereitstellen. Den Teig in den Spritzbeutel füllen. Insgesamt 13 Tuffs mit gutem Abstand zueinander auf die Backbleche spritzen (der Teig läuft während des Backens auseinander). Mit angefeuchteten Fingern die Tuffs glatt streichen. Etwa 12 Minuten backen. Auf dem Blech 5 Minuten abkühlen lassen, dann auf ein Kuchengitter legen und vollständig auskühlen lassen.
4. Für die Augen 26 weiße Choco Melts bereitlegen. Einige Choco Melts in eine kleine Schüssel geben, über einem Wasserbad schmelzen und mit einem Zahnstocher mittig auf die 26 weißen Melts einen kleinen Tropfen auftragen. Darauf sofort die Schokotropfen kleben.
5. Für den Guss Puderzucker und Zitronensaft zu einem leicht zähen, nicht zu flüssigen, aber noch beweglichen Guss anrühren. Mit der grünen Lebensmittelfarbe einfärben, bis der gewünschte Farbton erreicht ist. Die gewölbte Seite der Amerikaner bis fast an den Rand in den Guss tauchen. Abtropfen lassen und auf einem Kuchengitter trocknen lassen.
6. Die Augen mit etwas Guss festkleben. Die grüne Kuchenglasur nach Packungsanweisung erwärmen und Mund und Nase damit auftragen. Trocknen lassen.

Olchi-Muffins

Joghurt-Muffins im Olchi-Style

Besuch von den Olchis aus Schmuddelfing: Die ganze Olchi-Familie kommt heute zu deiner krötigen Party. Olchi-Opa, Olchi-Oma und Co. kommen hier als Muffins daher. Alle Kinder, Groß und Klein, möchten manchmal Olchis sein!

Für 12 Stück

Für den Teig:

260 g Mehl
½ TL Backpulver
1 TL Natron
1 TL Vanilleextrakt
2 Eier (Größe M)
200 g Zucker
110 g weiche Butter oder Margarine
250 g griechischer Joghurt, Aroma nach Wahl (z. B. Erdbeer- oder Bubble-Gum-Aroma)
75 g Schokotröpfchen

Für die Dekoration:

2 Pck. grüner Fondant
je 1 Pck. weißer und schwarzer Fondant
schwarzer Basteldraht (je nach Alter der Kinder!)
Zahnstocher
3–4 EL Lieblingsmarmelade ohne Stückchen

Außerdem:

Muffinblech mit 12 Mulden
grüne Papier-Muffinförmchen
Zahnstocher
runde Ausstechform

1. Den Backofen auf 190 °C (170 °C Umluft) vorheizen. Ein Muffinblech mit Papierförmchen auslegen.
2. Mehl, Backpulver, Natron und Vanilleextrakt vermischen. Eier mit dem Zucker schaumig aufschlagen. Butter unterrühren. Den griechischen Joghurt, das Aroma und die trockenen Zutaten dazugeben und kurz glatt rühren. Zuletzt die Schokostückchen unterheben.
3. Den Teig gleichmäßig auf die Muffinförmchen verteilen. 22–24 Minuten backen. Stäbchenprobe machen: Bleibt an einem hineingesteckten Holzspieß kein Teig mehr haften, sind die Muffins fertig. Aus dem Ofen nehmen und auf einem Kuchengitter auskühlen lassen.
4. Für die Dekoration aus einer Packung grünem Fondant 36 Hörhörner rollen. Jeweils mit etwas Wasser auf einen Zahnstocher schieben und trocknen lassen. Ebenfalls aus grünem Fondant 12 dicke Knubbelnasen formen.
5. Die zweite Packung grünen Fondant dünn ausrollen. Das geht am besten auf einer Antihaftmatte mit einer Rolle aus Plastik. Kreise in Muffingröße ausstechen. Die Marmelade in einem Topf etwas erwärmen, glatt rühren und dünn auf die Muffins streichen. Fondantkreise als Gesichter daraufsetzen und vorsichtig andrücken.
6. Den weißen Fondant dünn ausrollen. 12 Augenpaare ausstechen, zum Beispiel mit der Rückseite einer kleinen Spritztülle. Mit einem scharfen Messer kleine weiße Dreiecke für die Olchi-Zähne ausschneiden.
7. Aus dem schwarzen Fondant kleine Kugeln für Pupillen rollen. Diese mit einem winzigen Tropfen Wasser auf den weißen Augen festkleben. Schwarze, dünne Schlangen für die Münder rollen. Die Hörhörner mit den Zahnstochern in die Muffins stecken. Augen, Mund, Nase und Zähne jeweils mit einem kleinen bisschen Wasser befestigen. Trocknen lassen.

Steinharte Mini-Käseratten

Käsekuchen-Cupcakes

Hast du gewusst, dass Olchis zwei Mägen haben? Mit ihrem Vormagen zerkleinern und schreddern sie erstmal grob die ganz harten Sachen. Danach kommt alles in den Hauptmagen mit scharfer Magensäure. Nur so können sie den ganzen Krempel verdauen, den sie so vertilgen. Beim staubigen Stinkstiefel, ist das nicht krötig?

Für 24 Mini-Muffins

Für den Teig:
- 350 g Frischkäse
- 150 g griechischer Joghurt
- 50 g Zucker
- 1 TL Vanilleextrakt
- 1 Ei (Größe M)
- 1 ½ geh. EL Vanille-Puddingpulver

Für die Creme:
- 200 g Sahne
- 100 g Frischkäse
- 30 g Zucker
- ½ Pck. Stracciatella-Dessertpulver zum Kaltanrühren

Für die Dekoration:
- 50 g Kokosraspel
- schwarze Lebensmittelfarbe
- einige Glasnudeln
- 50 g schwarze Schokodrops plus 48 für die Ohren
- ½ TL Sonnenblumenöl
- 12 rosa Mini-Marshmallows

Außerdem:
- Mini-Muffinblech mit 24 Mulden
- Mini-Papier-Muffinförmchen
- Spritzbeutel mit Lochtülle (Ø 1 cm)

1. Den Backofen auf 175 °C (Umluft 155 °C) vorheizen. Das Muffinblech mit Papierförmchen auslegen.
2. Für den Teig Frischkäse, Joghurt, Zucker und Vanilleextrakt mit den Schneebesen des Handrührgeräts glatt rühren. Ei und Vanille-Puddingpulver unterrühren. Den Teig gleichmäßig auf die Förmchen verteilen. Etwa 15–17 Minuten backen. Wenn die Masse beim Wackeln des Bleches fest ist, sind die Muffins fertig gebacken. Aus dem Ofen nehmen und in der Form auskühlen lassen. Dann unbedingt nochmals 2–3 Stunden auf einem Kuchengitter trocknen lassen.
3. Unterdessen die Kokosraspel in einer Schale mit 1 EL Wasser und schwarzer Lebensmittelfarbe vermischen. Auf einen Teller geben und trocknen lassen.
4. Für die Ratten die Glasnudeln in Baarthaarlänge schneiden (etwas länger lassen, um sie noch in die Creme stecken zu können). Für die Schwänzchen längere, gebogene Nudeln schneiden. Die schwarzen Schokodrops über einem Wasserbad schmelzen und mit dem Sonnenblumenöl glatt rühren. Die Ratten-Schwänze in die Schokolade tauchen, gut abtropfen lassen und auf einem Backpapier trocknen lassen.
5. Für die Creme Sahne, Frischkäse und Zucker mit den Schneebesen des Handrührgeräts verrühren, bis die Sahne beginnt, steif zu werden. Dessertpulver dazugeben und unterrühren, bis die Creme fest ist. In den Spritzbeutel füllen. Auf die Muffins mit der Creme einen Ratten-Körper spritzen: Dazu aus der Creme nach vorne spitz zulaufend eine Nase spritzen. Mit den Fingern etwas in Form bringen.
6. Mit den schwarzen Kokosraspeln bestreuen. Die Marshmallows halbieren und als Nase mit etwas Creme an der Spitze festkleben. Die vorbereiteten Schwänze und Barthaare in die Creme stecken. Je 2 Schokodrops als Ohren in die Creme stecken und mit etwas geschmolzenen Schokodrops Augen auftragen.

Olchi-Schnecken

Süße Hefeschnecken

Auch Schnecken leben auf dem Müllberg von Schmuddelfing. Olchi-Opa und die Olchi-Kinder veranstalten da schon mal ein lustiges Schnecken-Rennen, wenn ihnen langweilig ist. Dafür braucht man viel Zeit, denn die Schnecken kriechen nur gaaaanz langsam vorwärts. Schleimeschlamm und Käsefuß, das ist kein Problem für die Olchis, denn Zeit haben sie ja nun wirklich genug!

Für 12 Stück

Für den Teig:

150–180 ml Milch
350 g Mehl
1 Ei (Größe M)
1 EL Zucker
5 g Trockenhefe
30 g weiche Butter

Außerdem:

1 Eigelb
1 TL Milch
etwas Vollmilch-Kuchenglasur

1. Die Milch für den Teig lauwarm erhitzen. Mit den restlichen Zutaten für den Teig in eine große Schüssel geben und mit den Knethaken des Handrührgeräts 6–7 Minuten kneten. Abgedeckt 10 Minuten gehen lassen.
2. Ein Backblech mit Backpapier belegen. Den Teig einmal durchkneten und in 50 g schwere Stücke teilen. Jedes dieser Stücke nochmals zu jeweils 15 g und 35 g teilen. Die 35-g-Stücke zu etwa 22–24 cm langen Schlangen formen und gleichmäßig zu Schnecken aufrollen. Mit etwas Abstand zueinander auf das Blech legen.
3. Die kleinen Teigstücke ca. 10 cm lang rollen, sodass ein Ende dicker ist. Je eine Rolle dicht an die Schneckenhäuser legen, sodass alles wie eine Schnecke mit Haus aussieht. Das Ende des Schneckenhauses liegt dabei dicht am Körper, damit beide Teigrollen zusammenbacken. Oben am Kopf mit einer Schere einen kleinen Schnitt machen und Fühler formen. Abgedeckt 40 Minuten gehen lassen.
4. Den Backofen auf 170 °C (150 °C Umluft) vorheizen. Das Eigelb mit der Milch verquirlen und die Schnecken damit bestreichen. Das Blech in den Ofen schieben und etwa 18 Minuten backen. Auskühlen lassen.
5. Die Kuchenglasur nach Packungsangabe schmelzen und damit Augen, Mund und Schneckenhaus aufmalen.

Olchi-Mamas
TIPP

Wenn du die Mäuseschwänze nach dem Trocknen ein zweites Mal mit flüssiger Schokolade nachzeichnest, werden sie noch stabiler.

Mäuse-Semmeln

Süße Frühstückssemmeln

An guten Tagen gibt es bei den Olchis sogar zweimal Frühstück, so sehr freuen sich alle über Olchi-Mamas selbst gebackene Mäuse-Semmeln. Sie macht den Teig aus eingeweichter Pappe, Gips und Sägemehl. Manchmal backt sie als Überraschung einen Radiergummi mit hinein, einen Kronkorken, einen Fingerhut oder was sie sonst noch so zur Hand hat.

Für 8 Stück

Für die Semmeln:
150 ml Milch
370 g Mehl
5 g Trockenhefe
1 Ei (Größe M)
30 g weiche Butter
1 Pck. Vanillezucker
30 g Zucker
1 Pck. geriebene Zitronen- oder Orangenschale

Zum Bestreichen:
1 Eigelb
1 EL Milch

Für die Deko:
70 g schwarze Schokoladen-Drops
rote Jelly Beans
Glasnudeln

Außerdem:
Zahnstocher (optional)

1. Ein Backblech mit Backpapier belegen. Für den Teig die Milch leicht erwärmen, mit den anderen Zutaten in eine große Schüssel geben und mit den Knethaken des Handrührgeräts 6–7 Minuten kneten. 15 Minuten gehen lassen.
2. Den Teig auf der bemehlten Arbeitsfläche einmal durchkneten und in 8 gleich große Stücke teilen. Diese flach drücken und 6–8-mal ringsherum zur Mitte hin zusammenfalten. Den Schluss gut verschließen. Zu Mäusen (tropfenförmig) formen. Auf das Blech setzen. Abgedeckt an einem warmen Ort 30 Minuten gehen lassen.
3. Den Backofen auf 180 °C (160 °C Umluft) vorheizen. Das Eigelb mit der Milch verquirlen und die Brötchen damit bestreichen. Auf mittlerer Schiene 20 Minuten backen. Aus dem Ofen nehmen und auskühlen lassen.
4. Für die Dekoration von den schwarzen Schokoladen-Drops 16 Drops beiseite stellen und die restlichen über einem Wasserbad schmelzen. Für die Barthaare die Glasnudeln nach Belieben kürzen, in die flüssige schwarze Schokolade tauchen und abtropfen lassen. Auf Backpapier trocknen lassen. Die Mäuseschwänze mit schwarzer Schokolade auf Backpapier zeichnen. Dazu entweder einen Löffel oder einen selbst gebastelten, kleinen Spritzbeutel verwenden.
5. Die Jelly Beans auf Zahnstocher stecken und als Schnauzen in die Brötchen stecken (alternativ mit Schokolade festkleben). Für die Ohren mit einem Messer kleine Schlitze einschneiden und die beiseite gestellten Schoko-Drops in die Brötchen stecken. Die Barthaare vorsichtig einstecken. Für den Schwanz ebenfalls einen Schlitz einritzen und den Schwanz behutsam hineinstecken. Die Augen mit flüssiger Schokolade auftragen. Trocknen lassen.

Flutschi-Toast

French Toast

Fledermäuse pfeifen Lieder, fliegen blitzschnell auf und nieder, in den dunklen Kellerecken können sie sich gut verstecken. Sie haben keine Ringelschwänze und tanzen keine Ringeltänze, sie schlafen in der Regentonne und dösen in der Abendsonne. Sie haben Ohren und ein Fell, fliegen rekordverdächtig schnell, fahren Karussell am Rummel. So, und was war jetzt geschummelt?

Für 4 Portionen

8 große Scheiben Brioche oder Weißbrot
4 geh. EL Erdnussbutter
4 TL Lieblingskonfitüre (z. B. Erdbeerkonfitüre)
100 g Zucker
½ TL Zimt
1 Ei (Größe L)
200 ml Milch
1 TL Vanilleextrakt
2 EL Butter
5 EL Sonnenblumenöl

Außerdem:

Fledermaus-Keksausstecher (ca. 15 cm)
Vanillesauce zum Servieren (nach Belieben)

1. 4 Scheiben Brot zuerst mit je 1 EL Erdnussbutter bestreichen. Darauf je 1 TL Konfitüre streichen. Eine weitere Scheibe Brot daraufsetzen, leicht andrücken und mit dem Keksausstecher je eine Fledermaus ausstechen.
2. Einen Teller mit Küchenpapier bereitstellen. Zucker und Zimt mischen. Ei mit Milch und Vanilleextrakt verquirlen. In einer Pfanne Butter und Öl erhitzen. Die Fledermäuse von beiden Seiten kurz tief in die Eimischung tauchen, abtropfen lassen und in die Pfanne legen. Von beiden Seiten goldbraun braten.
3. Auf dem Küchenpapier kurz abtropfen lassen. In Zimt-Zucker wenden. Dazu schmeckt Vanillesauce.

Olchi-Mamas TIPP

Die Erdnussbutter etwas in der Mikrowelle erwärmen, dann lässt sie sich leichter verstreichen.

Muffelfurzstarke Party-Ideen

Muffelwind und Grätenbein,
können Feste schöner sein?
Müffelkuchen, Schmuddelbrühe,
Olchi-Mama gab sich Mühe:
Krötig schmeckt ihr Olchi-Schmaus,
und alle seh'n zufrieden aus.

Olchi-starke Produkte für eure Gefurztagsparty sind über das Internet zu beziehen.

Hier gibt es Servietten, Becher, Einladungskarten und vieles mehr im Olchi-Look, damit du dein Zimmer und deinen Geburtstagstisch richtig olchig dekorieren kannst.

Jetzt wird gefeiert, bis die Müllkippe wackelt!

Oberolchige Spiele für deine Party

»Ich koche einen Olchi-Eintopf und tue hinein …«

Das Spiel »Ich packe meinen Koffer« kennt ihr bestimmt. Nach dem gleichen Prinzip wird der Olchi-Eintopf gekocht. Das erste Kind beginnt: »Ich koche einen Olchi-Eintopf und tue hinein: einen alten Gummischlauch«. Das zweite Kind wiederholt die erste Zutat und gibt eine zweite hinzu: »Ich koche einen Olchi-Eintopf und tue hinein: einen alten Gummischlauch, zehn rostige Schrauben …« – so wird der Reihe nach weitergespielt. Wer eine Zutat vergisst, scheidet aus, bis zum Schluss der Eintopfprofi übrig bleibt!

Reifen werfen und fangen

Ihr braucht: 1 Eierbecher (oder Eimer), 3 Centstücke pro Kind (oder 3 Bälle)

Wie bei Feuerstuhls Drachenfest könnt auch ihr Reifenwerfen spielen. Den Eierbecher stellt ihr in die Mitte des Tisches. Der Reihe nach versucht jedes Kind mit seinen Centstücken in den Eierbechern zu treffen. Wer zuerst mit allen 3 »Reifen« getroffen hat, gewinnt.

Bei schönem Wetter könnt ihr natürlich auch draußen spielen. Dann könnt ihr einen Eimer nehmen und jedes Kind hat 3 Versuche, mit kleinen Bällen in den Eimer zu treffen. Auch hier gewinnt, wer zuerst mit 3 Bällen getroffen hat.

Frösche und Ratten schnappen

Ihr braucht: 1 lange Schnur, mindestens 2 Wäscheklammern, Schaummäuse oder Gummi-Frösche

Am besten lasst ihr euch bei diesem Spiel von 2 Erwachsenen helfen, die die Schnur halten. Nun werden 2 Mäuse oder Frösche mit den Wäscheklammern an der Leine befestigt. 2 Kinder stellen sich unter die Schnur. Die Erwachsenen halten die Schnur so hoch, dass die Tiere über den Köpfen der Kinder baumeln. Die beiden Kinder verschränken die Hände hinter dem Rücken und versuchen, nur mit dem Mund ihre Maus beziehungsweise ihren Frosch zu schnappen!

Ratte, wohin gehört dein Schwanz?

Ihr braucht: 1 großes Blatt, Stifte, Pinnwand/dicke Pappe/Styropor, Wolle, Heftzwecke, Tuch

Malt zuerst den Umriss einer sehr großen Ratte (ohne Schwanz) auf ein sehr großes Blatt Papier und schneidet die Ratte aus. Befestigt die Ratte auf einer Pinnwand, dicker Pappe oder Styropor und stellt sie ungefähr auf Augenhöhe des kleinsten Gastes auf.

Nun flechtet ihr aus Wolle einen Schwanz und verseht ihn am oberen Ende mit einer Heftzwecke. Alle Kinder stehen 1–2 Meter von der Ratte weg. Das erste Kind bekommt die Augen mit dem Tuch verbunden und versucht, den Schwanz an der richtigen Stelle der Ratte zu befestigen. Was für ein olchiger Spaß, wenn der Schwanz mitten im Gesicht oder in der Luft hängt.

Bibliografische Information der Deutschen Nationalbibliothek
Die Deutsche Nationalbibliothek verzeichnet diese Publikation in der Deutschen Nationalbibliografie.
Detaillierte bibliografische Daten sind im Internet über https://dnb.de abrufbar.

Für Fragen und Anregungen
info@rivaverlag.de

Originalausgabe
1. Auflage 2023

Türkenstraße 89
80799 München
Tel.: 089 651285-0
Fax: 089 652096

Redaktion: Sarah Holzwarth
Umschlaggestaltung: Maria Verdorfer
Umschlagabbildung und Abbildungen im Innenteil: Stephanie Just, © 2023 KIDDINX Studios GmbH
Illustrationen im Innenteil: © 2023 KIDDINX Studios GmbH
Layout: Maria Verdorfer
Satz: inpunkt[w]o, Wilnsdorf (www.inpunktwo.de)
Druck: Florjancic Tisk d.o.o., Slowenien
Printed in the EU

ISBN Print 978-3-7423-2408-5
ISBN E-Book (PDF) 978-3-7453-2163-0
ISBN E-Book (EPUB, Mobi) 978-3-7453-2164-7